信息化时代下
公路运输经济的发展研究

刘文娟◎著

中国原子能出版社

China Atomic Energy Press

图书在版编目(CIP)数据

信息化时代下公路运输经济的发展研究 / 刘文娟著.
-- 北京 : 中国原子能出版社, 2022.6
ISBN 978-7-5221-1976-2

Ⅰ.①信… Ⅱ.①刘… Ⅲ.①公路运输发展—研究—
中国 Ⅳ.①F542.3

中国版本图书馆CIP数据核字(2022)第103750号

信息化时代下公路运输经济的发展研究

出 版	中国原子能出版社(北京市海淀区阜成路43号 100048)	
责任编辑	蒋焱兰 (E-mail：419148731@qq.com)	
特约编辑	胡正观　刘兵权	
责任校对	冯莲凤	
责任印刷	赵　明	
印 刷	北京厚诚则铭印刷科技有限公司	
经 销	全国新华书店	
开 本	880 mm × 1230 mm　1/32	
印 张	4.75	
字 数	100千字	
版 次	2022年6月第1版	2022年6月第1次印刷
书 号	ISBN 978-7-5221-1976-2	
定 价	48.00	

出版社网址：http://www.aep.com.cn　E-mail：atomep123@126.com
发行电话：010-68452845　　　　　　**版权所有　侵权必究**

作者简介
AUTHOR

刘文娟,1973年3月出生,汉族,山东寿光人,中共党员,本科学历。毕业于西安公路交通大学交通运输管理工程专业,工学学士,中国人民大学经济学硕士,高级经济师。1996年9月至今一直在交通运输领域从事运输经济相关的工作,主要研究交通运输与经济发展,尤其对公路运输经济、运输统计、物流业的发展等方面有比较深入的研究。近年来多次参加交通运输部、省交通运输厅关于运输经济方面的培训,具有较强的专业技能和综合能力,因工作突出多次受到省市部门的表彰。

前 言
PREFACE

　　作为国民经济的重要基础设施和基础产业,交通运输是社会经济发展的重要物质基础,其基本任务是通过提高整个运输业的能力和工作质量,来改善国家各经济区之间的运输联系,进而安全迅速、经济合理地组织旅客和货物运输,保证最大限度地满足社会和国防建设对运输的需求。展望21世纪,我国交通运输业将在继续大力推进交通基础设施建设的基础上,依靠科技进步,着力解决好交通运输中存在的诸多关键技术问题,包括来自环境、能源、安全等方面的众多挑战,建立起一个可持续性的新型综合交通运输体系,以满足全面建设小康社会对交通运输提出的更高要求。客运高速化、货运物流化、运营管理智能化将成为21世纪我国交通运输发展最明显的几个特征。

　　作为国民经济的命脉,交通运输业正面临着重大的战略需求。掌握交通运输技术的人才及其人才的培养,自然成为社会各界关注的热点问题。无论是公路运输、铁路运输,还是水路运输、航空运输、管道运输等都需要大量的交通运输专业的高级技术与组织管理人才，由他们运用先进的技术来装备交通运输，用科学的方法来组织管理交通运输。

我国公路运输业发展迅速，目前已形成多条纵横贯通的公路网，从而缓解了公路运输的压力，增强了市场间的交流，推动了国民经济的发展。但是在我国公路运输的经济发展中，也还是出现了许多问题，亟待妥善解决。在信息时代下，公路运输经济管理体系的构建也是非常重要的。当前，互联网技术的应用，对于各个行业的发展都会起到很大的推动作用。在目前的公路运输经济管理工作中，信息化管理是公路运输行业发展的重点，也是未来发展的重要趋势。这样不仅可以保证公路运输经济发展水平的逐渐提高，同时可以增强其工作效率，促进整个运输行业的健康稳定发展。众所周知，在当前我国社会经济以及国家的全面建设过程中，公路运输行业是影响国家发展的重要因素。为了促进整个公路运输行业的经济水平得到全面地提升，就需要合理地应用互联网技术，从而提高整个公路运输行业的经济发展水平，为我国社会的稳定发展奠定良好的基础。

目　录

CONTENTS

第一章 公路运输经济概述

第一节 运输经济学概述

一、运输与经济学

运输(transport),指的是人或者货物通过运输工具经由运输网络,由甲地移动至乙地,完成某个经济目的的行为。简单地讲,运输是在一定范围内人与物的空间位移。需要说明的是,国民经济与社会生活中发生的人与物体在空间位置上的移动几乎无所不在,但并不是所有的人与物的位移都属于运输经济学探讨的范畴。经济活动引起的物质移动有很多,除了一般了解的货物运输,还有输电、输水、供暖、供气,还有电信部门传输的信息等。这些物质移动也产生物质位移,在一定意义上说与货物的移动并没有什么本质上的太大区别,而且其中有一些也确实就是从货物运输中逐渐分离出来的。但是,由于输电、输水、供暖、供气和电信传输都已各自拥有独立于交通运输体系的传输系统,它们完成的物质位移不再依赖于人们一般所承认的交通运输工具,因此这些形式的物质位移不包括在运输领域中。

　　在自然经济社会中,生产、生活所需要聚集的必要要素种类少。因此,物质、能量、信息的流通域小,且在大地域范围内的流通频度也很低,只在窄小范围之中相对较高,所以在这种社会中经济是以"板块割据"的形态出现。由于自然经济社会生产产品的单调而导致各经济板块具有同质性。经济的同质性则使其流通域中的流通频率低、强度小,这时的运输并非现代意义上的一种产业。因此,有学者认为,包括运输经济学在内的任何一种经济学都是资本主义生产方式的产物。而只有当流通的涉及面广、强度大、方向复杂、频繁重复时,研究其有效性才有重大的社会意义或价值。也正因为研究意义重大,因而才促使其研究内容成为一门经济科学。到了资本主义社会,实现了社会化的大生产后,创造出了与过去无与伦比的空前的生产力。这种空前的生产力的获得来自社会化大生产中的规模经济,实现规模经济的理论方法是实施生产高度分工,具体操作方法就是集中化、同步化和标准化地进行生产。同时,与这种生产方式同构地生成了地点相对集中(主要在城市)、不断重复、高强度的货流、客流,这些货流、客流则使得运输成为一种产业。产业的运作要求是要使资源得到有效的配置,这正是经济研究中的本原问题。因此资本主义生产方式是包括运输经济在内的各种产业经济学产生的根据,要注意之处的是由此引出各种经济学的产生不一定是同期的,而是有先有后,其中通常是先"一般"后"专门"。因为"专门"的经济学理论是要有"一般"经济学理论做基础的。所以运输经济学产生的必要条件有两个:一是运输产业的存在;一是有普通经济学做基础。

二、运输经济学的定位

运输经济学(transport economics)是应用经济学的一个分支,它是以经济学的理论和分析方法探讨与运输有关的各种经济问题的一门学科。

根据研究对象的不同,目前与运输经济有关的学科,大致可划分为运输经济学、运输地理学、运输规划学、运输工程学、运输组织学和运输管理学几个领域。这几个领域之间相互联系和交叉,有时候不容易分得很清楚。一般来说,运输经济学抽象和研究的是运输需求、运输供给以及运输市场中的种种经济规律。而对于地理学家来说,运输的重要性在于它是影响经济与社会活动分布的主要因素之一,所以他们关心运输网空间结构的变化及其与其他地理要素的相互作用关系。运输规划学主要研究运输业发展中运输设施建设的布局、规划原则、规划方法以及如何确定具体的运输项目。运输工程学主要解决具体工程的设计、施工问题和工程中如何提高管理水平、提高效率及效益的问题。运输管理学则是运输业经营者关于运输企业的组织形式、结构规模、如何在运输市场上竞争和内部如何从事计划、财务、劳资等方面的经营和管理的学科。

运输学(运输工程学及运输管理学)的成熟为运输经济学的产生提供了充分条件,而运输经济学则是衔接运输学与经济学的"交叉"学科,因此运输经济学内容的丰富与否是与运输学内容的丰富伴随相关的。其实运输经济学就是从运输学之中最后章节的发展中分离出来的,而运输学又是一种工程学,那么也可以说运输经济学是一种后工程学。其中前缀"后"除了指运输经济学从运输学之中分离出来的那部分内容外,还应包括二者分离后运输工程发展中所出现的新情况。这部分研究的主要内容就是工程技术(运输)与社会(经济)之间的"接"问题,也就是运输之中的技术经济问题。其实还不止于此,运输经济学还应包括一部分从经济地理学中分离出来的问题。由于运输经济中的"路"与"车"两种问题比较时,"路"是交通地理系统中的慢变量,它对交通系统特性起着支配性的作用。其中"路"的问题又是属经济地理研究的范畴,因而人们有时也将运输经济问题划归经济地理,而经济地理问题又属地理学科,因此运输经济学研究的问题中还有一部分来自经济地理。但经济地理中的这部分运输问题的基础仍是运输学,没有运输中的路就没有经济地理中的运输问题。实际上准确地讲经济地理问题应为地理经济问题,应属经济学科,所以运输经济学中真正能起分析作用的理论还是运输学和经济学。而运输管理学是一门与运输经济学邻近的学科。这二者的相同之处都是以运输现象作为研究对象;研究目的都是为了要使运输系统能有效运作,并使其资源得到充分利用。不同之处在于运输经济学研究是要抽象出运输生产中的经济规律。运输管理学则是如何将运输生产中经济规律具象。前者在研究中应尽可能地抹去不必要的背景去进行抽象操作,得到的研究成果就是抽象的规律,规律是属科学范畴的概念。所以运输经济学是一门科学。而后者则是要尽可能地将抽象规律在其应用的背景进行具象操作,使其回归到背景之中去。具象操作术在遵从规律的前提下,更多的是要应用艺术范畴之中的技术。因此,这就是很多人认为与其说管理学是门科学,还不如说它是一门艺术的深层道理。

　　在一定程度上,运输经济学为其他运输学科提供必要的经济理论基础。在开展运输地理研究、进行运输规划、从事工程设计和施工以及经营管理运输企业之前或工作进行之中,应该对问题的本质和来龙去脉有一定的了解和分析,对未来的可能趋势做出预测,并将解决问题的方法制定出方案,以进行评价和可行性研究,作为决策的参考依据;运输的规划、设计、施工、运营各项工作中都包含经济问题,都离不开运输经济学的理论和分析方法。因此,运输经济学是其他几个有关运输学科的经济理论基础;同时,运输经济学也必须与其他学科一起共同发展,只有运输经济学与其他学科互相渗透、紧密结合,才能更好地探索各种运输经济问题的内在规律,比较圆满和有效率地实现运输目标[①]。

三、运输经济学的发展

(一)学科的国外发展情况

1.学科初创时期

　　西方经济学家们很早以前就开始注意运输问题了。亚当·斯密1776年在《国民财富的性质和原因的研究》(即《国富论》)中论述过运输对城市和地区经济繁荣所起的促进作用、政府在交通设施方面的开支等问题。铁路在欧洲出现以后有更多学者参加了对运输经济问题的讨论,著文论述运输与经济及文化的关系。德国经济学家李斯特在19世纪20—30年代把交通作为国民生产力的一个因素进

---

①杭文.运输经济学[M].南京:东南大学出版社,2016.

行研究。马克思在他的经济学研究中提出了大量非常宝贵的运输经济思想。《资本论》用大量篇幅论述了铁路和航运对资本主义大工业的作用。1844年法国经济学家杜比特(J.Dupuit)发表了以费用—效益观点研究运输投资和运价问题的《论公共工程的效用》。这是第一篇提出边际概念的经济学论文,也被后人认为是第一篇运输经济学专论,因此在运输经济学学说史中占有重要地位。1850年,在铁路的发源地英国,伦敦大学教授拉德纳(D.Lardner)出版了他的《铁路经济》一书,这本书的副标题是"论一种运输新技术,它的管理与展望,并通过铁路在英国、欧洲及美洲的运营结果说明它与商业、金融和社会的各种关系"。在这本书里,拉德那讨论了运输进步的历史及其影响,讨论了铁路的各种运营管理和成本、运费、利润等问题,还讨论了铁路与国家的关系。著名经济学家马歇尔(A.Marshall)后来称赞该书为近代铁路经济科学奠定了基础。1853年,德国的卡尔·克尼斯(K.Knies)出版了《铁道经营及其作用》一书。1878年,奥地利的萨克斯(E.Sax)出版了《国民经济中的运输工具》,这本书注重采用理论分析的方法,把边际效用学说引入了运输经济学;在体系上,该书既讨论一般的运输政策论,讨论国家在运输方面的作用,也有讨论运输业运营活动的经营论。萨克斯对运输经济理论体系的建立作出了杰出贡献。以上几本著作是运输经济学初创时期的主要著作,为运输经济学奠定了基础。

2.快速发展时期

从工业国家修筑铁路高潮时期一直到1918年后,铁路在世界运输业中一直占有统治地位。在这个时期里,铁路的投资、铁路的经营管理以及国家对铁路的管理成为运输经济研究的主要对象,欧洲各个国家、美国和加拿大在这些年中都出版了这些方面的专门著作和大学教材。到了1942年前夕,汽车运输在欧美国家向铁路提出挑战,其他运输方式也得到迅速发展,这种变化当然要反映到运输经济学中。1940年美国的约翰逊(E.Johnson)等人出版了《交通运输:经济原理与实践》,开始全面讨论包括铁路、水运、公路、航空和管道各种运输方式的运输经济问题,包括它们之间的竞争与协作。1942年以后,各种运输业的发展、变化和经济学在宏观、微观理论方面的进步,吸引了较多经济学家逐渐加入运输经济研究。以至于在西方,人们一般认为从20世纪50年代后期开始,运输经济学才真正加快了自己前进的步伐。这是因为它的发展一方面要等待与运输有关的社会经济实践积累得比较充分;另一方面,要等待基本经济理论、数学方法等基础和工具也变得足够完善起来。在美国,1946年出版了毕格海姆(T.Bigham)的《交通运输:原理与问题》,1950年出版了费尔(M.Fair)的《运输经济学》,1958年出版了梅耶(J.Meyer)等人的《运输业的竞争经济学》,多次再版了劳克林(D.Locklin)的《运输经济学》。这些著作综合地讨论了各种运输方式的发展、竞争、定价原理、经营、国家对运输业的管理和运输政策等,是这一时期运输经济学的代表性著作。

　　20世纪60年代以后,西方国家各种运输规划方面的可行性研究和环境影响研究,吸引了很多工程专家参加工作,这使得运输经济学在投资和成本——效益分析方面取得了较快进展。这期间,由于世界银行在运输方面的贷款项目,发展中国家遇到的交通运输问题也引起了经济学家的注意,他们注重研究运输与经济发展的关系。进入20世纪70—80年代以后,世界经济在能源、环境等方面的危机提出了新的运输经济课题,同时西方国家的运输业管理政策也发生了很大变化,对这些问题的探讨逐渐反映在运输经济著作中。西方运输经济学除了综合性的著作,如美国桑普森(R.Sampson)等人的《运输经济——实践、理论与政策》,哈帕尔(D.Harper)的《美国运输:使用者、运送者和政府》,英国肯尼思·J.巴顿(Kenneth J.Button)的《运输经济学》和斯特伯斯(P.Stubbs)的《运输经济学》以外,还有一些比较专门性的论著,如航空经济、海运经济、客运、城市交通、运输与能源、运输与土地利用、运输需求分析、各国运输政策分析等,其中城市交通的规划研究发展很快,著作数量较多。

从总体上说,运输经济学是一门正在发展、尚未完全成熟的学科。而且,运输经济学在很长一段时间里似乎与主流经济学总是格格不入。其原因在于:一方面运输经济学问题确实有自己很强的行业特点;因此,一些运输经济学家在建立学科体系和进行经济分析时,似乎更像一群专业的技术专家,而较少使用已经比较通用的经济学方法和语言;而一般经济学家也较难一下子就能够从总体上把握住整个运输经济学的脉络,故而使得学科之间的沟通较为困难。另一方面,过去一般经济学是以新古典理论作为基本框架的,但是这种分析框架需要一系列非常严格的前提假设,例如完全竞争、交易成本为零、信息完全对称等,而这些假设在交通运输领域可能比一般工商业更加不适用;

因此,在运输经济学教科书中所直接平移过来的新古典理论又确实距离运输市场的现实十分遥远。

3.近期的著作与教材

在作为运输经济学科发展流所在地的西方国家,运输经济学著作与教材在最近20年间发生了很大变化,其突出特点之一是标准经济学方法的使用。例如:1997年,美国密歇根大学的肯尼思·D·博伊(Kenneth D.Boyer)的《运输经济学原理》(Principles of Transportation Economics)一书出版,该书第一次比较清晰地把运输经济分析建立在运输业网络经济特性的基础之上,因此通常被认为是运输经济学开始走向成熟的一个标志。此外,还有其他一些近年来出版的教材,如英国肯尼思·J.巴顿(Kenneth J.Button)2010年再版的《运输经济学》(第三版)(Transport Economics,3rd Edition),英国大卫·J.斯珀林(David J.Spurling)于2010年出版的《运输经济学介绍:需求、成本、定价与采纳》(Introduction to Transport Economics:Demand,Cost,Pricing,and Adoption),法国安德烈·德帕尔马(Andréde Palma)和加拿大罗宾·林赛(Robin Lindsey)等人2011年出版的《运输经济学指南》(A Handbook of Transport Economics),D.莱文森(D.Levinson)、D.吉伦(D.Gillen)和M.亚科诺(M.Iacono)于2011年出版的《运输经济学》(Transportation Economics),加拿大巴里·普伦蒂斯(Barry E·Prentice)和美国戴伦·普罗科普(Darren Prokop)于2016年出版的《运输经济学概念》(Concepts of Transportation Economics)。

(二)学科的国内发展情况

1.学科发展历程

我国从20世纪20年代后期和30年代开始引进西方的

运输经济学,先后出版了《交通经济学》《铁路管理学》等著作,介绍运价、运输成本、财务会计和运输统计等方面的原理。中华人民共和国成立以后,运输经济理论主要是向苏联学习的,结合中国实际也编著了一系列运输经济学的教材和专著。20世纪80年代前后又陆续出版了《铁路运输经济》《公路运输经济学》《航运经济》《中国运输布局》《中国交通经济分析》《中国的交通运输题》等一批著作。其中一些分别写内部的运输经济管理活动和体制改革,另一些则反映了当时对综合性宏观运输经济问题进行研究的成果。

到了20世纪90年代,运输经济学学科理论体系逐渐显现出来。其中代表性的著作有:《运输经济学导论》(主编:许庆斌、荣朝和、马运等,1995),《运输经济——实践、理论和政策》(赵传运、荣朝和、马运等译,1989),1999年上海海运学院陈贻龙教授和长安大学邵振一教授主编的《运输经济学》,管楚度的《新视域运输经济学》(人民交通出版社,2002),荣朝和的《西方运输经济学》(经济科学出版社,2002第一版,2008第二版),严作人、杜豫川和张戎主编的《运输经济学》(人民交通出版社,2009第二版),徐剑华的《运输经济学》(北京大学出版社,2009)和杭文主编的《运输经济学》(东南大学出版社,2008第一版)等。

2.学科发展的问题

尽管运输经济学在我国取得了长足的发展,仍然有不少学者认为这些年我们在运输经济学理论创新,特别是学科体系改造方面的成果远不能令人满意。突出的表现是运输经济学科时代特征的最明显的"载体"——教科书,还存在以下些明显的问题。

第一，过去的运输经济学几乎纯粹是政治经济学的部门经济学，把它的指导思想概括为仅仅阐述政治经济学所揭示的规律在本部门的体现，也不为过。有些运输经济学者即使不同意这个命题，但在实际上却无力摆脱这一束缚。这种状况必然与国际上经济学发展的主流不相适应，特别不能与宏观经济学和微观经济学相衔接。

第二，过去的运输经济学是以集中计划体制作为主体结构。诸如：曾被长期借鉴的苏联运输经济学，它们的思路是停滞的，几乎无例外地"以计划作为全书主线"。但是，这种思想体系的教科书也许只能反映过去时代的传统计划体制，而不能给读者以比较充足的运输经济的科学知识。

第三，过去的运输经济学教材都以一种运输方式为研究对象，或者以一种运输方式为主要研究对象，没有形成综合性的运输经济学体系。各种运输方式是相互联系、相互补充的，抽去了它们的共性，过于强调它们的特性，就不免使运输经济学加重工艺性和技术性色彩，从而出现弱化理论研究和政策研究的倾向。当然，我们不反对有"铁路运输技术经济学""公路运输技术经济学"和"水运技术经济学"等，但是"运输经济学"命名的教科书，终究应具有各种运输方式的综合性特征，否则，就不可能给读者以整体的运输经济科学知识。

第四，过去的运输经济学教科书中，具体的业务知识占有很大分量，从而使它的内容同各种具体的经济业务课程相重复。在运输经济学科的课程体系中适当的交叉是不可避免的，但主要内容的重复却是不能容忍的。如果运输经济学与计划、价格、财务、劳动工资、统计等互相重复，运输经济学本身必然产生危机。

第五，近年来的一些运输经济学教科书中，开始逐渐引入西方运输经济学的学科体系，这是对传统运输经济学教科书的重大突破，但书中引用的案例也多源自西方发达国家的运输经济问题。这固然有助于读者对经济学基本原理的把握，但也应看到，中国经济的发展，走的是一条西方发达国家未曾经历的新路。因此，中国的运输经济问题，有着与西方发达国家不完全相似的社会背景，需要投入更多的时间和精力方能剖析机理、探寻真谛。

（三）运输经济学的发展趋势

1. 研究范围扩大，综合性日益加强

运输经济学的研究领域一直在扩大，目前它的研究内容大致可以分为：交通运输的意义，它与经济、文化及社会发展的关系；运输需求分析；运输供给和成本研究；运输价格分析；运输政策方面的研究；运输业发展战略研究；运输投资和项目评估；城市运输问题；交通拥挤和安全问题；运输引起的环境问题以及运输与土地利用、与能源问题的关系；运输行业管理方式的改革和运输企业的内部管理等。研究领域的扩大反映出交通运输与现代社会经济的联系越来越紧密，也反映出运输经济学开始走向成熟。

这方面的变化不但表现在部门运输经济学正日益走向跨部门的综合性运输问题研究，而且表现在运输以外的人们对运输问题的关心越来越多，运输经济问题不再是运输经济学界能够关起门来自己研究的领域。虽然从亚当·斯密和马克思的时代起，运输界就没能包揽过这一领域，但跨学科研究运输问题的倾向从来没有像现在这样突出。由于运输问题影响的广泛，许多学科的专家纷纷转向这一领域；而另一方面，运输经济具有很强的综合性，单靠运输界的力量又难以胜任当前研究所需要的广度和深度。因此，运输经济已经成为诸多学科涉足的领域。20世纪60年代以来，各国加强了各种运输经济研究结构。一些世界著名学府如牛津大学、哈佛大学和麻省理工学院等，都有自己的运输经济问题研究所或研究中心，甚至出现了多国性的研究组织，如欧洲经济共同体的运输经济研究中心等。参与运输经济问题研究的学科包括经济学、管理学、地理学、农学、城市规划、建筑工程、环境科学、法律、数学和计算机应用等十几个学科，每年都有很多研究报告、论文和专著出版。在这一点上我国的情况也类似，例如中国科协1987年以来组织几百位各方面的专家学者，进行了历时数年的大规模运输发展战略与政策咨询研究。这些都反映出运输经济学与现代经济的密切联系。

2.过去一向以政策论和经营论为主的发展线索有所改变

萨克斯1878年在《国民经济中的运输工具》一书中初步建立了运输经济学体系，他把运输经济学分成从宏观角度讨论运输业作用及其与国民经济的关系和从微观角度讨论运输企业的经营活动两大部分。前一部分属于运输经济学的宏观部分，被后人称作政策论；后一部分是运输经济学的微观部分，被称为经营论。从那以后运输经济理论主要是在这两大块内容里发展。

很长一段时间，运输经济学经营论主要侧重对运输企业经营工作的描述,如运费核算、财务和会计制度、统计方法等。随着企业内部管理活动的逐步规范化和经营管理学科的发展,原来在经营论中的运输财务、会计、统计等内容一个个分离出去,形成了运输经营管理学科的组成部分。而随着西方经济学微观分析理论的完善,运输经济学微观部分开始注意比较抽象的理论探讨,如运输需求与供给分析、运输成本和运价分析的比重增加,这一部分逐渐成为微观经济学的一个应用分支。

在政策论方面,交通运输的意义、它与经济和社会发展的关系,过去一直是运输经济学关心的重要内容,后来,各国政府在不同时期采取的运输政策,对运输业进行管制或鼓励发展,也逐渐成为西方运输经济学研究的重点。在这方面耶鲁大学约翰·梅耶等人1958年出版的《运输业的竞争经济学》是一部重要著作。当时美国运输业面临的情况是:公路、航空已继铁路、水运和管道之后得到了相当发展,运输业中五强并存的局面已经形成,但长期实行的运输管制政策却仍旧僵硬地限制着运输业的正常竞争活动,造成运输市场缺乏活力,企业经营效率低下,财务亏损严重。当时许多人没有意识到需要改变运输政策,仍旧主张加强运输管制,增加国家补贴,甚至主张用国有化去解决运输业面临的严重问题。针对这种情况,梅耶等人提出要对运输政策进行根本性调整,以适应运输业的新形势,他们主张放宽对运输业已持续百余年的严格政府控制,代之以鼓励竞争,充分发挥运输市场的作用。近30年来,运输政策研究从过去主要关注管制政策转向放松运输业管制、公共运输业的私有化或民营化,注意更多利用市场机制、利用竞争去解决面临的运输问题。现在,运输政策研究更注重实际应用,强调预见性,以便为所需采取的政策或替代政策提出建议,并能事先预计该政策将会产生的影响。

3.强调运输需求分析

过去,运输经济学经营论主要是从运输业角度讨论运输问题,政策论则主要考虑一般公众或代表国家的政府行为,一度忽视了作为运输服务对象的旅客和货主。随着发达国家的运输供给趋于成熟,运输市场上旅客和货主所处的地位上升,运输经济学也从过去一般站在运输业的角度中脱离出来,注意力转向运输需求分析。新的运输经济学微观部分,注重分析各种运输需求产生的原因和影响因素、旅客或货主在运输活动中的作用和他们对各种运输工具的选择标准、客货运量以及客货流的预测等。不少西方运输经济学家认为,运输经济学的主要内容应该是需求分析,有的运输经济学著作甚至宣称,该书就是主要从使用者的角度讨论运输经济问题。由于物流业和物流管理对现代经济运行效率的影响越来越重要,发达国家目前十分重视物流问题,货物运输的进一步发展要服从提高整个社会物流效率的需要,因此不少著作也开始把货运与物流管理放在一起讨论。

4.与经济学和地理学等主要学科的关系发生了一定变化

在多学科参与运输经济问题综合研究的同时,运输研究似乎有点脱离了经济学和地理学这两门主要学科理论发展的主流,在其学术建设中的地位有所下降;而在起初阶段,运输因素曾是西方经济学和地理学理论发展的重要基础。亚当·斯密和马克思的经济理论中的运输问题都有重要地位。另一些著名经济学家如李斯特、罗雪尔、皮古利和马歇尔等也有过对运输问题的重要论述。经济学中极其重要的边际理论也是从试论运输问题起源的。但在后来西方经济学的分析体系中,运输多被置于外生变量的地位。即当作经济运行的背景条件,不属于少数被分析的重要变量之列。显然今天主流经济学家们关心的重点从运输问题上移开了。随着就业需求的改变,过去西方大学经济系中开设的运输经济课程有不少停办,而在城市规划系、土木工程系或农业经济系中的运输经济课程,现在则更多的是教授工程经济方面的内容。总的趋势是,运输经济研究在推进经济学理论发展方面的影响已经明显下降。

对运输条件和运输费用的考虑开始是传统经济地理学的基础。在农业区位模型中,其他因素都被作为固定的常数,农民的收益只决定于土地与市场的距离和运输费用。在韦伯的工业区位理论中,他只规定了运输费用、劳动力费用和生产集聚力三个影响区位的因素,其中运费对工业的基本区位起着决定作用,而劳动力费用和集聚的影响,则被他归之为对运输决定的工业区位的第一次和第二次“变形”。韦伯甚至将其他一些次要的区位影响因素,也简化为运输费用加以计算。在区域经济研究中,胡佛提出将自然资源优势、集中经济和运输费用作为构成经济活动区位结构和了解区域经济问题的三个基础因素,运输仍占有重要地位。

5.研究方法日趋多样化

随着各学科之间的相互渗透和交叉,运输经济研究所使用的方法和工具日渐丰富,各种规范的、实证的、定性的、定量的、逻辑的、区域的以及计算机模拟等方法被更多地采用,特别是计量分析手段的逐步完善,使得运输经济学可以更为有效地处理社会经济中与运输问题有关的大量统计信息,能进行更为深入联系及更为复杂的研究探索。

运输经济学发生的这些变化是由各方面原因促成的。在工业化初期,运输业是支持和推动西方国家经济进入现代增长的最重要部门,运输问题特别是运输供给问题非常突出,运输经济学很自然地在这方面取得了较大进展。随着工业化的逐渐成熟,特别是发达国家从20世纪70年代开始进入后工业化阶段,实现地区间客货联系的运输网已基本上定型,这方面的问题只是如何加以完善和改进。因此,运输需求、市场机制和运输政策的影响在运输经济学中逐渐突出出来,运输与环境的关系也日益得到人们的关注。经济和地理科学本身也在不断变化,在发达国家,对运输问题从总体上继续进行深入研究,似乎已不是主流经济学家和地理学家十分迫切的任务,这些学者的兴趣中心随着经济结构的变化而转到当前对经济运行产生重大影响的方面。总之,在经济学和地理学这些重要的综合性学科中,由于新问题、新领域不断地出现,运输问题研究在推进理论发展中所占的位置也在发生着变化。

四、运输经济学的学习

(一)运输经济学的学习意义

学习运输经济学具有两方面的意义,一类为理论意义,一类为实践意义。前者有助于不断地拓展其理论的科学逻辑的深度和广度,从而提高人们的理论智力;而后者则有助于提高生活实践、工程实践和政策实践中的主客一致性,以减少实践风险。

1.理论意义

一般认为,学习运输经济学理论具有两种功能:解释功能和预测功能。解释功能就是对运输状态进行定位,从而解释运输经济主体的行为,如运输供给者、运输消费者或政府等的经济行为。预测功能就是预测经济主体未来的行为,为运输决策提供备选方案,并对各种可行方案进行效应分析,从而为决策提供依据。无论是解释功能还是预测功能都应该是科学的,即有科学根据。为此,运输经济理论需要明确地建立一些基本经济范畴,需要对经济行为主体规定一些假设条件,对各经济范畴之间的关系建立一些模型等。

2.实践意义

学习运输经济学的实践意义可以体现在个人、企业和政府三个层次上:从个人的角度说,学习运输经济学就是接受一种经济学方面的教育,以便为分析和理解现代运输市场经济运行规律,及其中实施的经济政策提供知识基础;从企业的角度来看,市场经济条件下运输企业的经营和管理必须以经济学理论作为基础,以便降低成本、提高生产率,更好地满足市场需求;从政府的视角来看,政府管理的运输问题无一不是宏观层次上的社会问题,而宏观社会问题的把握是很难凭直觉行事的,运用运输经济学中的理论去把握,有助于正确决策、降低风险,并加速发展。

（二）运输经济学的学习方法

第一，综合运用文字、图表与数学公式进行分析是很重要的。本书在理论方面的论述主要依靠文字和图表分析来表达，同时不回避以数学方式表达。这主要是考虑到文字是表达学科思想的首选语言工具，而整个西方经济学的理论体系是由系列的图形贯穿起来的。学习时要特别注意概念和观点表述的规范性和逻辑性以及图形坐标系的含义，以免出现一字之差或逻辑谬误。本书中实际上很少有数学公式的推导，列出的方程式也仅供参考。读者如果以后希望从事经验型研究，可以据此寻找更有帮助的模型。

第二，知识的掌握要系统化。因为本书涉及许多不同的相关理论体系，不同理论体系的理论模型、观点、政策主张都是有一定的差异的。所以在学习中，要有意识地去联想记忆，看到一个理论体系的因素分析时，要回想一下其他哪个理论体系也在这一领域有分析，异同点在哪里。例如，在论述交通拥挤的时候，从定价理论、运输外部性的控制理论、甚至博弈论的角度都有其独特的见解，从而能够看出，这些理论之间的相关性是很大的，总结的过程也就是去理解、系统掌握它的过程。

第三，理论要联系实际，要勤于思考、多问为什么，这一点非常重要。权威和老师强的地方仅仅是他们先走一步，已经学习和研究过这些东西，但是这并不意味着他们的研究结果是正确的。因此，对前人的东西，不应该"敬畏地、无条件地接受"，而应该是"尊重地审视、平等地质疑"。

不妨提请注意：必须警惕推理中各种常见的思维谬

误。由于运输行业的经济关系通常十分复杂，会涉及许多不同的变量，因此很容易混淆事件背后的真实原因和政府政策对经济的影响。以下是经济推理中一些常见的逻辑谬误。

1.后此谬误

后此谬误（the post hoc fallacy）出自于因果推理。如果仅仅因为一件事发生在另一件事之前，就想当然地认为前者是后者的原因，那么，就犯下了这里所说的后此谬误。一个实例发生在20世纪30年代大萧条时期的美国。一些人观察到，在商业周期扩张之前或扩张期之中，会出现物价上涨的现象。由此，他们便得出结论说，治疗大萧条的良方是提高工资和价格。这种对策建议会导致一系列的以增加工资和提高价格为目的的低效率的立法和规定。然而这些举措真的能够推动经济复苏吗？几乎可以肯定地说："不能"。尽管它们可能会有利于复苏早日起步，但事实情况却是只有在政府为准备扩大军事开支、从而导致总支出迅速回升的时候，经济才得到了真正的复苏。

2.不能保持其他条件不变

不能保持其他条件不变（failure to hold other things constant）指的是在考虑某一问题时没能保持其他相关条件不变。例如，当发现"十一"长假期间公路的票价上涨了，但公路客流量同时也在暴增，于是一些人争辩说，价格上涨也会导致需求量的增加。这一推理有什么错呢？错误就在于它忽略了长假期间人们出行需求的变化。由于长假期间人们旅游出行需求较平时大为增加，因此，尽管公路票价上涨了，客流量依然猛增。可见，这一分析没有坚持

"保持其他条件(即需求曲线)不变"的原则。切记:分析一个变量对于经济体系的影响时,一定要保持其他条件不变。

3.合成谬误

有时我们会假定,对局部来说是正确的事情,对总体来说也一定是正确的。然而,在经济学中,常发现总体并不简单地等于局部之和。如果认为对局部来说成立的东西,对总体也必然成立,那就犯了合成谬误(the fallacy of composition)。我们来看一些正确的命题:①看球赛时,对于某个人来说,如果他站起来,那么或许他能看得更清楚些;但是当大家都站起来时,视野实际上跟大家都坐着时差不多,然而站着比坐着要费力得多。②如果城市里某一市民率先购买了小汽车,他的通勤时间就能减少;但如果所有市民都开车上班,则他(以及所有市民)的通勤时间却会由于交通拥挤而下降。③如果卡特尔中某一企业提高了产量,那么它就能赚取更多的利润;但如果寡头集团中所有的企业都提高了产量,那么所有寡头企业的经营情况都可能变得更糟。这些例子没有任何诡异或神奇之处,它们不过是整个体系中个体互动的结果。个体相互作用时,整体行为通常会与个体行为的结果大相径庭。

这些错误有时会令你付出昂贵的代价。当你学完这本书之后,不妨再回过头来看看,为什么上述那些看似矛盾的结论实际上却是完全正确的。

第二节 公路运输现代化

一、公路运输现代化概念界定

（一）公路运输现代化概念界定的理论基础

若将"公路运输现代化"看作偏正关系的词组,则"公路运输"修饰限制"现代化"。"公路运输现代化"的中心词是"现代化",并且这个"现代化"仅限于公路运输领域。可见,界定"公路运输现代化"这一概念要以现代化理论与公路运输有关理论为直接的理论基础。

现代化的研究从20世纪60年代以来就成为国际社会科学领域研究的一个重要课题,至今方兴未艾,正在形成新的分支学科或边缘学科。迄今为止,现代化理论都是西方主流社会科学的派生物,而其研究的主要对象,却是处在大变革过程中的发展中国家,现代化理论是一种探讨传统社会向现代社会转变,特别是发展中国家如何实现现代化的理论。现代化理论总结了工业社会以来文明演进的过程与经验,提出带有普遍性的原则与反映人类共同精神财富的思想理论成果。

由于各个现代化理论研究者所处的环境与背景不同,特别是由于作为其研究客体的国家的历史背景各异,人们对现代化及其实现的理解也不尽相同。目前,关于现代化理论的研究处于规范的建设阶段,还需努力构建一个较科学而系统的、能对正在向现代化迈进的国家起普遍指导作用的理论体系。现代化理论的研究主要围绕以下3个方面展开：关于现代化实现的客观标准问题（理论界有政治标准中心论、经济标准中心论、人文标准中心论、可持续发展或生态标准中心论）；关于现代化的实现形式问题（原发式发展模式、后发式发展模式、新发式发展模式）；关于现代化的动因问题（内因论、外因论）。

因为现代化研究涉及的领域范围很广，国内外关于现代化的研究也就有形成各种不同的理论和观点。从20世纪60年代经典现代化理论的提出，到20世纪90年代末中国学者提出第二次现代化理论，现代化理论研究不断创新、完善，越来越成为社会发展的理性描述。按照不同理论的特点，现代化理论可大致分为结构学派、过程学派、行为学派、实证学派、综合学派和未来学派等六大学派。从新观点产生的顺序看，现代化理论可大致分为经典现代化理论（对18世纪以来世界现代化进程的理论阐述）、后现代化理论（探索工业化以后的发展）、生态现代化（一种利用人类的智慧去实现经济发展和生态进步的理论）、再现代化（一个工业社会的创造性破坏的时代，创造性破坏的行为主体不是革命，不是危机，而是西方现代化的胜利）、第二次现代化（从工业时代向知识时代、工业经济向知识经济、工业社会向知识社会、工业文明向知识文明的转变过程）等。从学科分类上看，现代化理论研究体现为经济学方向、政治学方向、社会学方向、人文学方向、制度学方向、系统学方向等。

汉语中，"现代化"一词由"现代"和"化"两个词素组成，"现代"一词指的是现代的发展状况和达到的水平，

"化"是达到现代状况和水平的发展过程。"现代化"一词由英语modernization翻译而来,这个词是由英语单词modern和modernize衍生出来的。modern一词产生于16世纪,大体相当于西方工场手工业兴起的时期。按照《韦氏英语大辞典》的解释,其含义有二:①表示性质,现代的,新近的、时髦的。②表示时间,现代的,大体指公元1500年以后的时间,也即中世纪以后的时间。modernization一词产生于1770年,大体相当于欧洲工业革命开始的时期,其含义有二:成为现代的、适合现代需要的;大约公元1500年以后出现的新特点、新变化。现代化是一个内涵丰富、形式多样、分层次、分阶段的历史过程,是经济、科技、政治、文化等方面综合平衡的动态发展过程。换句话说,现代化代表着一种向前和进步的发展趋势,并将这种趋势动态地展示为一个历史过程和不同阶段的发展状态①。

西方学者开展现代化理论研究时,对"现代化"一词的理解莫衷一是:勒纳认为,现代化是西欧和北美产生的制度和价值观念从17世纪以后向欧洲其他地区传播的过程,18世纪至20世纪向世界其他地区的传播过程。这一概念把现代化理解为西方化,认为现代化进程是西方文明向全世界传播的过程,没有真实地和准确地反映现代化过程的实质。布莱克认为,现代化是传统的制度和价值观念在功能上对现代性的要求不断适应的过程。现代化过程是一个传统性不断削弱和现代性不断增强的过程。W.穆尔认为,现代化就是传统社会像西方先进国家那样向经济富

---

① 朱琦琦. 公路运输现代化建设探析[J]. 东方企业文化,2015(15):219-220.

裕、政治稳定的社会的总体过渡。这一概念把工业化作为始发原因，也可以说现代化是工业化的最终结果。沃尔夫冈·查普夫（Wolfgang Zapf）指出，现代化可理解为在以下各社会领域（次系统）中相互影响的结构变化；国家与民族的形成，民主化以及继之而来的福利国家的保障和在政治领域的再分配；工业化，自源性经济增长以及接踵而来的第三产业化，即扩展服务行业并把它纳入经济领域的大众消费之中；城市化、发展教育、大众通信（社会流动）和随之而来的更小的社会领域中流动性的提高，文化领域的世俗化、理性化和普遍主义，其原因之一是科学和技术的进步；个人领域的个人化、成功取向。从系统角度观察，现代化即全体社会调适和自控能力的提高，即资源和负荷同时增长并出现顺差。从历史角度观察，现代化是工业革命以及18世纪政治革命的长期结果，革命促进了几个国家进入国际领先地位，并在世界范围内推动了模仿和赶超的进程。

中国学者也从一定角度给出了现代化的概念，如：严应龙认为，现代化就是以市场原则为取向，以工业化为主要表现形成的现代生产力对传统生产力的代替，并引起经济、政治、社会、文化的适应性变革的过程；厉以宁认为，现代化是指一个国家或地区在科学技术和革命的影响下，经济、社会、文化、习惯以及人们的思想观念和思维方式等方面发生重要变化的过程。随着这一过程的发展，人们的生活质量得以不断改善，社会的运行效率得以不断提高。文献认为，现代化是现代生产力导致世界经济加速发展和社会适应性变化的革命性过程；现代化是以现代工业、信息与技术革命为推动力，实现传统的农业社会向现代工业社会与信息社会的大转变,是工业主义渗透到经济、政治、文化、思想各个领域,并引起社会组织、社会结构和社会行为发生深刻变革的过程。

提出现代化概念的远远不止上述学者,不同学科领域的学者给出了不同的现代化概念。相应地也确定了现代化的不同内涵。不同学科角度的现代化概念通常富有本学科的特色。

(二)公路运输现代化的概念界定

如上所述,不同学科领域的学者给出了不同的现代化概念。总体上看,不同领域的现代化概念的界定一般遵循了以下3种思路。

第一,以现代化理论为前提条件,结合某一学科的特点给出现代化的概念。这种概念界定思路体现了从一般到个别的顺序,在明确现代化的一般概念与特征的前提下,结合特定领域的基本知识而给出一个概念的界定。

第二,以特定的学科理论为前提条件,兼顾现代化的基本特征给出现代化的概念。这种概念界定思路突出体现了"个别"领域的地位,从特定学科理论出发界定出其现代化应具备的特点。

第三,从人类社会经济发展历史实践的角度给出现代化的概念。这种概念界定思路依据人类社会经济的实践发展过程,从历史的、实证的角度给出现代化概念的界定。本书将综合上述3种不同的概念界定思路,以现代化理论与公路运输理论为基础,从理论层面给出公路运输现代化的概念。

现代化是以科学与技术革命为推动力,从传统社会向现代社会转变的进程,这一进程包括经济、政治、文化、思想等各个领域的变革。交通运输业是国民经济的基础产业,作为经济社会系统重要子系统的公路运输,其现代化应符合经济社会大系统现代化发展进程。由此可以得出,公路运输现代化就是伴随着工业化社会和信息化社会的发展,公路运输领域产生进步变革的过程。在一定的经济社会公路运输需求条件下,公路运输现代化能够实现社会资源的最佳配置。公路运输现代化以先进的工业化技术和新型的信息化技术为前提,以运输资源更加科学合理地配置为目的,以高度发达的交通基础设施和科学完善的管理为特征,以满足高度发展的经济、社会的各种公路运输需求为结果。

由以上给出的公路运输现代化的内涵,可以给出公路运输现代化的外延:它主要包括公路运输基础设施的现代化、公路运输组织的现代化。其中公路运输基础设施的现代化既包括公路运输基础设施总供给能力的现代化,也包括公路运输基础设施供给结构的现代化。根据公路运输现代化的内涵(公路运输产出与经济社会的公路运输需求相平衡),公路运输基础设施总供给能力的现代化,意味着公路运输通达性与其产出效用相平衡,公路运输基础设施供给结构的现代化,意味着不同类别公路之间的供给规模比例关系符合经济社会的不同公路运输需求。公路运输组织的现代化包括公路运输产出效用、公路运输作业组织、公路运输管理(对公路运输工具、公路设施、公路运输信息系统及各种服务设施的管理)等方面。

公路运输现代化的内涵实质上是从公路运输与经济

社会的关系角度界定的,将公路运输作为一个整体,公路运输现代化既要遵循人类社会经济的一般现代化进程中的各种要求(特点),又要以人类社会经济的一般现代化进程为发展的外部环境条件。对公路运输自身而言,在满足经济社会运输需求的前提下,实现社会资源的最佳配置、实现自身的良性发展是公路运输现代化的内部动力因素。而公路运输现代化的外延,实质上是从公路运输系统组成角度界定的,公路运输整体的现代化对应于人类经济社会的现代化,而公路运输组成部分的现代化对应于公路运输整体的现代化。

与经济社会现代化一样,公路运输现代化是一个螺旋式上升的动态过程。社会的发展没有止境,社会对公路运输的需求也没有止境(如人们对出行的方便性会有更高的要求,同时也会对出行的舒适性提出更高的要求;经济社会规模的进一步扩大会产生更多的公路运输需求)。各个时期的工业化、信息化和智能化的要求也在不断地发展变化。因此公路运输在实现了一次现代化后,又一次面临着如何满足经济社会增长需要、为经济社会进一步发展提供基础保障以及满足工业化和信息化新要求的问题。

(三)公路运输现代化概念的实证分析

为利用世界不同地域空间范围内的公路运输发展状况印证阐述上述公路运输现代化的概念,将公路运输现代化的概念具体化,现设定:在全社会公路运输需求一定的条件下,从社会资源最佳配置的角度,公路路网通达性与公路运输效率应处于一种均衡状态。与公路运输现代化的内涵相比,这种设定有一定的局限性,但不失为开展研究的一种较为合理的处理方式。

根据公路路网的通达性与公路运输效率的衡量方式，可将公路总里程看作联系通达性与公路运输效率的自变量。由于通达性与公路总里程成正比关系，若以公路总里程为自变量，以通达性为因变量，则函数为增函数。由于运输效率与公路总里程成反比关系，若以公路总里程为自变量，以运输效率为因变量，则函数为减函数。在同一坐标系中，通过因变量所在坐标轴的移动，总可以保证这两个函数有交点。在交点上，公路运输的社会总成本最低，此时的公路总里程就是达到公路运输现代化状态的公路里程、公路建设的社会资源配置最合理。可见，判断某一地域空间公路运输是否达到过公路建设的社会资源配置最合理状态时，也即是否达到过现代化的状态时，可参考这样的标准：在公路路网的通达性与公路运输效率同时出现增与减的趋势条件下，二者的交点所代表的状态就是公路运输的现代化状态。

采用该方式判断公路运输现代化状态时有以下两点需注意：①由于经济社会发展的需要和公路运输组织管理水平的提升，尽管公路总里程在增长，而公路运输所实现的客货运周转量也在增长，公路运输效率通常表现为增长的趋势。无论怎样，判断公路运输现代化状态是否出现的关键是"交点"的存在与否。可见，在使用上述判断标准判别公路运输的现代化状态时有一定缺陷。②由于公路运输效率是以单位公路里程完成的客货运周转量表示的，而客运周转量与货运周转量分别表征了公路运输的两个不同的方面，所以用这种方式衡量的公路运输建设的社会资源配置最合理状态是某一个方面的,并非公路运输的整体状况。

1.美国公路运输现代化状态分析

美国是世界最发达的国家之一,公路运输在其经济社会发展过程中发挥了不可忽视的作用。1945年至20世纪80年代初,美国完成了产业结构的转变,即第一、二产业的比重不断缩小,第三产业比重逐渐增大,产业结构、产品结构、运输需求发生了明显变化。在货运方面,产业构造的知识集约化,服务水平的提高,使大件货物减少,货物向小型化、多频化、"轻、薄、短、小"化方向发展;在客运方面,对应于城市人口的快速增加,通学、通勤运输增加,对安全性、准时性的要求增强。这些变化使公路运输企业组织发生了一场深刻的变革,从运输内容上看,由承接大宗物资运输为主转为经营量少但种类繁多的小宗货物的运输,由单纯提供运输服务转为向客户提供货物的仓储、保管、包装、加工、运输等全面的流通功能。消费者需求的多样化、个性化和商品周期的缩短以及运输品种增多、运输种类的多样化促使运输工具专门化和运输组织分工细化,加剧了运输企业之间的竞争。这一时期也是美国公路运输企业组织从分散走向集中的时期、高速公路和干线公路高速发展的时期。美国在这一时期修建了大量的公路,特别是高速公路,平均每年建成高速公路近2200千米。经过30多年的建设与发展,美国已基本形成以高速公路为骨架的干线公路网,为公路运输的发展奠定了坚实基础。另外,美国公路管理水平高,交通控制技术和管理手段先进,高速公路拥有先进、完善的交通监控系统,通过各种检测仪器、闭路电视、微波通信网络及无线电广播等设施,对路网的交通流状况进行全天监视和疏导。美国公路管理严格,各种标志非常清楚;公路交通服务设施非常完善,高速公路沿线相隔不远就有报警电话,到一定路段就有一个服务中心,设有加油、维修、食宿、娱乐、购物、通信和医疗救护等设施。美国高速公路大部分不收费(Free Way),也有部分收费路段(Highway),收费采用电子扫描自动收费系统,实现不停车收费。这些特征都满足了工业化、信息化和智能化的发展要求。

2. 中国公路运输现代化状态分析

中华人民共和国成立以来,中国公路路网的面积密度持续上升,且增长速率较快;中国公路的客货运效率也呈持续上升,分别从20世纪80年代初和20世纪80年代中期开始上升,且上升速度明显加快。

如仅以本书所提出的判断标准考察中国公路运输的现代化状态,则对于公路客运而言,在20世纪末到21世纪初期两种发展轨迹出现了符合考察标准的交点,可见,中国公路客运在21世纪初期达到现代化状态,即公路建设的社会资源配置达到最合理状态;对公路货运而言,两种发展轨迹并没有出现符合考察标准的交点,并且两种发展轨迹之间的差距较大,出现交点尚需一定的时间,中国公路货运尚未达到现代化的状态。所以,仅从公路总里程与公路运输实现的客货运周转量来考察,虽然中国公路运输客运在21世纪初期达到了现代化的状态,但公路运输货运还未达到现代化状态,可以认为,中国要步入公路运输总体的现代化发展时期,尚需一定时日。

深入研究公路运输现代化发展状态与发展过程的相关规律的前提之一,是公路运输现代化概念的明晰界定。这里从内涵与外延两方面界定公路运输现代化的概念,并以美国与中国公路运输发展实践为对象,对提出的公路运输现代化概念进行实证分析。虽然实证分析的方法带有一定的局限性,但分析结论仍能验证所界定的公路运输现代化概念的合理性。

二、公路运输现代化内涵及公路运输现代化过程

从对公路运输现代化概念内涵的理解出发,公路运输与经济社会发展之间存在密切的联系,探讨这种联系有助于合理把握公路运输现代化的发展进程。通过对公路运输现代化过程的影响因素(特别是经济、政治因素)分析,可为公路运输现代化宏观调控政策的制定提供理论依据。这里在公路运输系统结构描述的微分方程组模型分析基础上,采用互谱分析技术探讨公路运输现代化过程的影响因素,并辅之以实证分析。

(一)经济周期及其主要影响因素概述

在经济发展过程中经常会出现发展水平或增长速度上的波动起伏。在西方经济学理论中,经济波动理论是宏观经济学的重要组成部分;在市场导向型经济中,稳定发展、抑制波动是宏观经济政策的一项重要任务。自发现经济周期现象开始,人们就在寻找经济波动原因的解释:在外部原因方面,提出了农业原因论、心理原因论、政治原因论、工艺技术更新论、人口原因论等;在内部原因方面,提出了货币原因论、消费不足论、投资论等。

　　通常的经济周期是从每年经济增长率的变动上来观察其变动的趋向。学者们经过研究分析,发现在资本主义经济条件下,一国的经济在连续几年增长之后就会发生一次下降或者说是负增长,这种情况是每隔若干年就重复出现,也会周期性地发生,因而称之为经济周期。这种通常的经济周期,依据致使这种周期产生的主导因素的差异和周期的长度,可分为主周期和次周期两种表现形式。致使主周期产生的主导因素是工商业生产设备固定投资的波动;而致使次周期产生的主导因素则是库存投资的波动。在一次主周期的波动期间内通常会含有一次至两次甚至三次的次周期波动。在资本主义经济下,由于其生产力与生产关系的基本矛盾,通常的经济周期所表现出的经济波动是不可避免的。即使在国家垄断资本主义下,增加国家对经济的干预,使用诸种所谓内装的经济稳定器,它也是无法消除的,充其量是影响其波动的严重程度不同。

　　从引起主周期与次周期产生的因素可见,投资变化是主要因素。投资就是把当年国民收入的一部分储蓄起来,用于未来的生产与消费的增长上。投资的变动会影响到国民收入中消费与积累的比例关系,从而影响到社会产品的总供给与总需求的平衡。

　　在人类经济社会实践中,投资活动的核心是固定资本投资,它在经济活动的上升与低落中起着高度活跃的作用,并在所生产的货物与服务的增长与下落中起着极活跃的作用。收入、产出和就业的起伏通常是以固定资本投资增长率的波动为主的影响因素。固定资本投资意味着需要更多新的机器和各种设备的制造和为建造住房、工商业用的厂房、仓库及其他建筑物所需的数量大、门类多的原材料和产品的制造。因此,固定资本投资的扩张,就意味着国民经济各部门——钢铁、木材、金属产品、交通运输线与运输设备和能源等以及消费产品生产的扩张,同时,也意味着就业的增加和收入的增加。因此,固定资本投资的扩张将导致整个经济上升。反之,若固定资本投资缩减,会使整个经济下滑,直至成为负增长。投资通常有加速或减速的表现,在经济活动上升期,资本积累节奏加快,当资本积累的加速达到某一程度时,若用合适的利润率来衡量,大规模的投资已变得无利可图时,即为投资过度。在这种情况下,市场主体就会缩减投资,整个经济活动就会低落,以至出现负增长。正是由于资本投资有着上述的种种特点,因而人们通常把资本投资行动的变化看作预测经济周期各阶段转折点的"晴雨计"。

(二)国民经济发展与公路运输发展的关系分析

在现代经济中,要扩大生产,首先要有劳动工具的增加。在一定的资本——劳动比率下,劳动工具的增加决定着就业人数的增加,在既定的技术条件下也决定着各类原材料和中间产品生产的增加,而劳动工具的增加是由固定资本投资的增长决定的。由于投资是基于期望进行的,而未来实际的情况很可能与先前所期望的是不同的,而且资本投资本身就与增产过程存在时滞(在这期间内,人们的爱好可能会变化,技术可能会变化),这就使得投资带有不确定性。这一切结合起来,就会使投资经常产生波动,有时甚至是很大的波动,而投资的波动必然会使整个社会经济发生波动。

在现代生产条件下，投资必然导致劳动工具、原材料、制成品乃至生产者本身大规模的空间位移，这种位移是投资中的各类经济要素合理化配置的保证，否则，投资毫无意义。这些生产要素的位移都是通过交通运输实现的，可以说交通运输保障生产要素位移的能力，是投资能否达到预期目标的基础条件。同时，在经济周期中，交通基础本身又是投资的重要领域，是制造业投资的"晴雨计"。经验表明，交通运输业的投资及其发展，是整个国民经济投资及发展的前奏，是实现投资、影响经济发展最重要的因素。公路运输系统作为交通运输系统的一个重要子系统，是一个国家或地区社会经济发展必不可少的空间交流载体，在综合运输体系中发挥着动脉和毛细血管的双重作用。公路运输除可以独立完成"门到门"运输任务之外，更多的是承担为航空、铁路、水运等干线运输方式集散旅客或货物的运输任务。公路运输在综合运输体系中的这种衔接、补充和纽带作用，是其他各种运输方式所不能代替的。在一次完整的货物运输过程中，公路运输既是协助其他运输方式完成运输任务不可缺少的衔接方式，又能自己独立完成运输任务。

社会生产力发展是社会进步的源泉和动力。在公路运输领域，社会生产力的这种动力表现为社会经济发展对运输需求在"质"与"量"方面的不断提高与扩大，从而促使公路运输业不断发展。随着经济的发展，全社会对公路运输需求在"质"与"量"方面都会提出新要求，这些要求在逐渐积累的初期，一般是在原有的公路运输系统"质"的方面改进与"量"的方面扩展的范围之内，通过对原有的公路运输系统的改造来满足需求。在这种时期,公路运输业对经济发展的促进与支持作用通常不太显露,如公路运输业的发展能够跟上经济发展的步伐,这种推动作用通常不被人们所关注。若公路运输业严重落后于经济发展的速度,就会对经济发展起"瓶颈"阻碍作用。随着经济的进一步发展,全社会对公路运输需求在"质"与"量"方面提出更新更高的要求,将突破原有运输系统在"质"与"量"两个方面的极限,迫使新的公路运输供给服务的产生和发展。新的公路运输供给服务的产生和发展既可满足社会生产的需要,同时又与原有的公路运输供给服务产生竞争,要求有更多的社会运输需求来促进公路运输的发展,从而推动整个经济的发展。在这种时期,公路运输业对经济发展的推动作用就会比较明显,不仅支持而且刺激着经济的增长和发展。由此可见,公路运输与经济发展始终存在着相互作用的紧密关系。

在一定的投资政策下,固定资本投资的变动必然引起各种产品生产制造行业的波动和人类生活消费的波动,制造行业的波动一方面引发公路运输需求的波动,另一方面引发就业和收入的波动;而公路运输需求的波动也会引起就业与收入的波动,就业与收入的波动引起国民经济整体的波动。而这一系列变化的起源点在于国民经济发展状况。

第三节　交通运输经济的意义

一、定义

（一）交通活动

在现代社会中，人们通常由于通勤、通学、公务、游览以及生活（访亲友、就医、购物等）、生产等方面的需要而利用各种交通运输工具，如：利用火车、汽车和家庭自用车辆等地面运输工具以及水上的船舶、空中的飞机等。同时人们在上述活动中为了进一步了解有关公务和家务等方面的信息，又需要利用各种通信手段，如书信、电话、电报等。因此，运输和通信这两种交通现象，与我们日常生活和工作有着不可分割的密切关系。交通，在社会生产与消费两大经济活动中均已成为必不可少的重要环节。

通常在广义的概念中，将进行人或物的空间场所移动或信息的传递，统称为交通或交通活动。将为实现人和物的移动提供服务（手段）所进行的（经济）活动，称为运输。而将为实现信息传递提供服务所进行的（经济）活动称为通信。这在英文概念中被称为 Transportation and communication。所谓服务，具有双重含义，既指人们的劳动（服务）过程，又指这种劳动过程本身所产生的被人消费的有用效果，有时将服务也称为劳务。

由于在通常情况下，物的生产地点与消费地点不相同，人们欲望的发生与满足地点也不相同。基于社会生产与消费的根本需要,必须克服空间上的距离,实现人或物的移动。因此,交通是人类意志和行为的产物。离开人的意志和行为支配所发生的人、物的移动,则不具有交通的含义。

为实现人和物的空间场所移动而提供服务的部门,称为交通运输部门。它是进行人类生产与消费活动的一种社会单位,它的发展既依存于其他产业部门的发展,又对整个社会经济活动及其规模的扩大能否实现具有决定性的作用。

(二)交通距离

在交通经济学中,实现交通也可以说是克服了场所间的距离才实现了人和物的移动的。

对于交通运输经济而言,重要的是经济距离,这是根据在场所间移动所费时间(时间距离),或需以货币支付的费用(费用距离)测定的距离。

在交通运输中,时间问题即速度问题。速度,既决定于运输手段的技术能力,又与运输距离有关。速度的提高即意味着时间的缩短,因为被节约的时间尚可以有效地利用于其他方面,而且对于交通运输服务本身则产生加速运输设施(设备)周转效率的结果。

在交通运输经济学中,时间价值是重要的概念。如在铁路运输中的特快费用,在航空运输中的飞机费用以及海运方面的滞船费、早出费等,均表明时间价值的重要。

(三)运输生产

通常将向需求者提供运输服务的过程称为运输(服务)生产。它同所谓物的生产在性质上有着很大不同。在广义的生产概念中,就生产成果而言,主要有如下四种形式:①被加工物发生质的、形态的变化,称为有形产品(财富)生产。②被加工物发生空间位置变化,如物的运输、地下资源的开采等。③被加工物发生社会位置和所有权的变化,如商品的销售等。④被加工物发生时间位置的变化,如物的贮藏等。

其中,第②、③、④种不是有形产品的生产,一般统称为服务生产;并在第②、③种生产中,发生交通运输现象。交通运输不是给物以质的变化,而只是在保持其原样的情况下使之进行空间场所移动,从而具有移动价值。在这个意义上,无论是物的生产还是运输生产,虽都是进行生产,但因二者的内容和性质不同,将物的生产成果称为有形产品,而将运输(服务)生产成果称为无形产品。二者的主要区别在于,无形产品具有不能贮藏和不可移转等特征①。

(四)服务经济化

所谓服务经济化,即在社会经济高度发展的情况下,如果物的生产高度发达,就会导致运输服务的需要大量增加。随着社会各产业的迅速发展,在社会生产、消费两大经济活动中,为实现中间服务的运输需要随之迅速增加;与此相关,对运输企业的组织管理和信息传递的服务需要,也随之增加;并且随着城市人口数量的迅速增加和城市范围的不断扩大,使消费者的选择范围和对服务多样化的要求以及消除公害和废物处理等公共服务的需要,也要不断增加,所以社会经济高度发达必然会导致社会经济活

---

① 朱为通. 交通运输经济发展管理的意义研究[J]. 新商务周刊,2020(11):1617.

动所需的交通运输服务的高度发展。

二、运输业的类型及特点

现代化的交通运输业,可有下列分类。

按运送对象分:旅客运输简称客运,以人为运送对象。货物运输简称货运,以物为运送对象。

按服务性质分:营业性的公用(共)运输是为社会提供劳务,发生各种方式费用结算的运输。非营业性质的自用运输,是为本单位工作、生产、生活服务,不发生费用结算的运输。

按服务区域分:城市运输服务区域为城市市区与郊区;城间运输服务区域为城市间广大地区。

按运输方式分:铁路运输以铁路(轨道)为移动通路。道路运输以道(公)路为移动通路,以汽车、拖拉机等机动车为移动工具,有时可称为公路运输。水路运输以水路(江、河、海、湖等)为移动通路。航空运输以天空为移动通路。管道运输以管道为移动通路。民间运输也以道路为移动通路,但以非机动车为移动工具,故又称非机动车运输。现代化运输方式,包括上述前五种运输方式。

按运输目的分:通勤运输为职工上、下班用的;通学运输为学生上、下学用的。公务运输为职工联系公务用的。游览运输为观光、旅游用的。生活运输为购物、就医、探望亲友等用的。物资运输即各种货物运输。进行上述分类的目的,是为了便于研究与管理交通运输,使运输更好地为社会生产与消费服务。

三、交通运输设施

交通运输设施,是使人和物的移动成为可能的技术手段,其基本构成要素包括固定设施与可动设施(设备)。

(一)固定设施

固定设施,主要指人工通路或通道,是人和物进行移动的场所,包括移动线路(如铁道、道路、空路、水路、管路等)与沿线设施(如车站、码头、空港、输油站等)。

通路不仅决定了交通运输对象的移动方向,而且规定了运输工具的容量、重量和限界尺寸。同时通路沿线的自然条件也会影响对通路的正常运行,如遇强台风,一些航线的船只将不能通行;如有暴雨、冰雹、雷电、暴雪、浓雾等,一些航线的飞机将不能飞行,一些道路上汽车也将不能行驶。

(二)可动设施

可动设施,指带有动力与载运装置的移动工具(如车辆、船舶、飞机等),又称移动设备。

移动工具的动力包括自然力和机械力。自然力指人力、畜力、风力、水力等。移动工具的原始形态就是人本身,这是一种利用肩扛、头顶的搬运,即挑夫式的交通运输形式。机械动力中,有蒸汽机、内燃机、电动机、原子能动力等。机械动力的利用,始于产业革命时期,由于蒸汽机发明了,开始用它作为机车与船舶动力。之后大约在19世纪末,出现了利用石油内燃机的汽车,进而在21世纪初发明了飞机、大型船舶等。近代,随着交通科学技术的迅速发展,使交通运输工具进一步实现了高速化、大型化,如飞机、快速轨道运输车辆、巨型油轮、高速船等。

如前所述,运输服务是以利用运输手段进行人、物的空间场所移动作为研究对象的。但是,在当今的运输市场中,同利用运输服务的市场有关的还有利用固定(基础)运输设施的市场,如汽车道路、港湾、空港、桥梁等固定设施的提供。这些设施中的多数是由社会公共部门提供的。

由于固定(基础)运输设施服务的主要供给者与利用者不同而有两类:对于为大多数(一般)利用者提供的基础运输设施称为普通道路、公用码头、公共空港等。与其相对应的是专用道路、专用码头、专用空港等。目前,公共性基础运输设施服务,是作为社会的间接资本由社会公共部门提供的。由于基础运输设施有很大的不可分性,故对其需结合交通运输长远规划进行提供并需要巨额投资,因此一般私营企业或集体经营性运输企业难以(自行)提供。

提供基础运输设施服务,不仅可以直接或间接地获得外部经济效果,而且可以促进集体和个体运输部门的发展。近些年来,国内外基础运输设施的供给不仅由政府部门进行,某些国有企业也开始给予提供。比如由日本道路公团进行的收费道路建设和由东京国际空港公团建造的国际航空港等。在我国,近些年来还有以某种集资建设等方式来提供基础运输设施服务的,如农民集资修建农村道路、个体水运码头及汽车客运站等。

收费道路的经营,不是提供运输服务本身(即不是直接去实现运输对象的移动),而是收取与这种道路设施服务相等价的使用费。这样,则可以将运输设施的利用与成本费用负担的关系明确化。目前,基础运输设施的供给主体已由政府部门开始转向有关的公(私)营(收费)企业,而费用负担关系也开始由收缴租税转向直接对利用者收取使用费了。如,我国四川省大邑县双河乡双河口至烂水坝间的3.8千米乡村公路,就是由当地农民集资(5.8万元)修建和经营的。烂水坝出产煤,但自古以来就是靠人背、牲口驮将煤运到公路边,平均每吨煤运费7元钱。自1984年双—烂公路建成后,每吨煤运到原公路边只需交纳过路费3元即可。

各种基础运输设施提供的服务,无论在服务区域或服务时间方面都有不同程定的局限性,这被称为基础设施的属地性与属时性。比如,铁路运输的这种局限性就很大,一旦在某区域设置了确定的运输生产设施(如铁道、车站、车辆等),那么运输需求就应保有一定水平。而在某段时间内在该区域铁路运输的剩余运力,则不能移往其他区域或其他时间利用。但汽车运输则与之不同。因其机动性较好,可以按不同时期和不同地点运输需求的变化情况适当配置车辆,即通过调节运输能力来提高企业的运输生产效果。在这一点上,它同铁路运输基础设施所具有的属地性在程度上是不同的。

四、交通运输经济研究对象

(一)现代交通运输业的发展与交通运输经济学

运输业的诞生和发展经历了漫长的历史过程。在资本主义以前相当长的一段历史时期内,受当时生产力水平的限制,只能依靠驮畜、畜力车、人力车、机帆船等运输工具从事运输活动。随着社会生产和商品交换的发展,经济社会中的运输需要与日俱增,这样,经过社会生产和分工不断扩展的结果,逐渐出现了以运输工具作为生产手段的小生产者。

在西方资产阶级产业革命以后,在机器工业推动下的经济活动具有庞大的生产规模和很高的生产速度,越来越多的商品投入到流通领域,新开辟的远地市场代替了本地市场,生产和交换的频繁进行、生产地与消耗地的距离等导致了运输需求在运量和运距等方面均迅速地增长起来。手工业时期传下来的运输手段日益成为资本主义大生产的阻碍,从而促进了交通运输手段的变革。同时,只有依靠机器生产和现代科学技术,才能为交通运输工具的革命和运输业的发展提供强大的物质技术基础。

一般认为,现代运输工具问世的基本标志是1825年英国斯托克顿至达林顿之间的第一条蒸汽机车牵引铁路(全长435千米)通车,它是第一次工业革命的直接产物。从整个世界范围来看,近代运输系统的发展大体上经历了以下四个阶段:①水运阶段自18世纪工业革命到19世纪上半期,资本主义各国的工业对水运的依赖性很大。如英国的运河与沿海运输、欧洲大陆的内海航运、美国的五大湖与人工河以及密西西比水系等,都对当时各国资本主义经济的发展起到了重大作用。②铁路阶段自19世纪中期到20世纪20年代末,铁路运输迅猛发展,运量急剧上升,由铁路承担的客货运量已占社会总运量的3/4以上,水运受到制约,铁路基本上垄断了西方各国的陆上运输。③各种现代化运输方式竞相兴起并迅速发展。根据史料记载,世界上第一辆汽车是1886年出现的,第一架飞机是1903年起飞的,第一条输油管道是1865年铺设的。它们都经历了一个较长的技术和经济的成长阶段,直到20世纪30年代之后才相继迅速发展起来,尤其管道运输是伴随着石油和天然气的大规模开采才得到迅速发展的。而在前一阶段被冷落的水运,从20世纪30年代开始又在新的技术基础上得到了进一步的恢复和发展。④综合运输阶段自20世纪50年代之后,世界各国开始重视对各种不同运输方式特点的比较研究,致力于建立合理的综合交通运输体系,其重点在于调整铁路、公路、水路、空路和管路等五种现代运输方式的分工和配合,形成均衡、协调的现代化运输网。

因此,当今的交通运输问题,已不单是社会问题,还包括有经济问题。交通运输业已不仅仅是被动地适应社会生产不断增长的需要,而且它还经常成为新区开发和未来工农商等社会各产业发展的先导。

如果稍事回顾一下交通运输的历史还可知道,早期的交通运输在打破人类社会的封建割据状态和完成国家、民族以及文化统一的伟大变革中以及强化军事与整个社会的功能的过程中,都发挥了重要作用。现在,随着交通运输技术的不断进步和迅速发展,交通运输与人类经济生活的关系愈加不可分割。

交通运输经济学的理论正是在交通运输业诞生、发展的过程中逐渐形成的。早在19世纪40年代,德国资本主义经济学的历史学派创始人李斯特从振兴资本主义工商业的角度出发,提出了重视交通研究的国民生产力理论。20世纪以后,交通运输经济方面的理论逐渐增多。然而,早期的这些理论尚未形成一个完整的体系。当时有关交通运输经济问题的研究主要涉及经济学、财政学和工程学等领域,虽然包括内容很广,但尚未成为一门独立的学科。

20世纪中期,由于各国经济社会的发展加速了交通运输事业的兴起,交通运输经济的研究也出现了新的局面。在美、苏等国,取名为"运输经济学"的著作比较集中地概括了运输经济问题的研究情况。美国比较著名的《运输经济学》,先后有D.P.洛克林、L.F.马文、R.E.威士梅耶等教授所著的几本书。这些书的基本特征是:①具有概论性质,比较全面地论述了运输经济的基本知识,但缺乏深入的经济分析。②着重论述政府的运输法规和对运输业的控制,以运价为重点兼及财政和劳工。③在结构方面,多数著作对各种现代运输方式分章并列地进行论述。这些特征和美国通行的学科分类和学术组织有关。美国虽有若干运输研究中心,但主要研究某些运输专题,而不着重于运输经济的系统研究。美国多年未办运输经济院校或专业,运输经济问题分散在有关学科之中。因此运输经济学著作尚缺乏系统的理论概括。

苏联对部门经济比较重视,各种现代运输方式都有自己的高等院校,设置了运输经济学和其他相关课程,还建立各种运输经济研究机构。这些当然有利于运输经济学科的发展。近代以来较有代表性的著作有:T.C.哈恰图洛夫院士著的《运输配置》《铁路运输经济原理》《运输经济学》以及哈努哥夫教授主编的《铁路运输经济学》等。这些著作的基本特征是:①逐步加强了系统的理论分析。20世纪30年代的《运输配置》和其他运输经济学著作,一般带有较多的经济地理描述(如运输网配置情况、货流配置情况等)或较多地阐述苏联党和政府的运输经济政策和发展运输业的措施。而在20世纪40年代和50年代的《运输经济学》著作中,逐步加强了生产力发展规律的经济分析和技术政策的经济研究,定量分析的部分显著增加。在20世纪60年代及以后,《运输经济学》的体系趋于稳定,比较系统地概括了主要运输经济问题。②在目前的《运输经济学》中,运输计划的理论、方法和经济效果的计算、分析是阐述的主要方面。而且一般都先以生产方式的历史发展为序,分析资本主义运输业和社会主义运输业的经济本质,其次再分运输、运营、物质技术基础等几部分阐述计划工作及其方法、经济效果分析及其方法。此外,还论述了运输业的劳动工资、经济核算和运价等方面问题。③多数著作是专门论述一种现代运输方式,或者以某种运输方式(如铁路运输)为主,对其他运输方式稍有涉及。除上述以外,近期国外运输经济论著中尚有以下共同特征。

1.普遍重视综合运输体系的建设

近期国外运输业的迅速发展,除广泛运用现代技术之外,其显著趋势是致力于建立综合运输体系,即综合利用和发展各种现代运输方式,在各种运输方式间实行合理分工、组织运输协调、开展直达联合运输、发展统一运输网、建立综合运输管理机构。联邦德国学者还曾预测,到20世纪末将建立一个统一的世界运输网。这种趋势,在一些《运输经济学》和其他有关论著中,都获得反映。产生这种趋势的原因主要在于有关运输网配置、运量分配以及各种运输方式的协调配合等方面,各发达国家都因本国历史遗留问题和实际工作中的失误而存在许多不合理现象,各国都企图建立一个合理的整体化的运输体系来解脱现有的困境,各国的运输经济学者也在这方面展开了研究工作。苏联尤其在生产配置、各种运输方式的协作分工以及统一运输网的发展方面,进行了大量的比较系统的综合性研究工作。

2.运输管理问题在运输经济学中的地位明显提高

在运输经济研究中,西方学者一向重视管理。在20世纪30年代前后,美国宾夕法尼亚大学曾在运输管理领域享有盛誉。资本主义管理的目的是获取最大限度的利润,在西方国家的运输经济著作中比较重视运价、财政及运输成本等问题。苏联学者对于管理,在早期的运输经济研究工作中是不予强调的,甚至有的学者还认为是属于行政方面的问题。但在近十几年中,《运输经济学》和有关著作,开始以专门章节论述管理问题,有的高等院校还设立《管理原理和自动化管理系统》课程和写有专著。这既说明在苏联运输经济学界提高了对运输管理问题的重视程度,也说明了他们把管理和采用电子计算技术、信息技术等先进的管理手段相结合,把运输管理现代化问题纳入了运输经济学领域。

3.能源问题得到进一步研究

运输经济学的能源问题主要论述能源的运输问题和运输系统的能源消耗问题。煤、石油和天然气是运输业的大宗货物,其运输的经济合理问题一直是运输经济研究的重要课题。《运输经济学》普遍认为动力改革是运输技术发展的先导,因此,关于运输业的能源消耗问题也成为运输经济研究的重点之一。特别是各国运输业对石油能源的依赖性较高,而当前又处于石油短缺的情况下,许多国家都重视各种节能措施的技术经济论证。

4.经济效果计算有一定发展

运输业的资本有机构成比较高,为了有效利用资金、采用先进技术,投资效果的经济论证显得特别重要,因此,经济效果计算成为运输经济学的重要课题。

5.国际运输问题得到重视

国际运输是指各国之间的运输问题,它在国际分工中有重要意义,在各国外汇和外贸平衡中也有相当作用。国际运输方式主要是海运、铁路、公路和空运。在这方面国外的运输、国际贸易和国际法书刊上都有所论述。

综上所述,交通运输经济学业已形成独立体系,并且随着交通运输业的科技进步和迅速发展,交通运输经济学不断丰富了自身的理论,当进入20世纪80年代以后,在新技术革命的潮流中,信息社会对交通和通信技术均提出了更高的要求,未来的交通运输经济理论将越来越多地同新学科相结合,使多门学科相互渗透,从而促进了交通运输经济学的研究朝多学科交叉的综合化、系统化方向发展。

(二)交通运输经济的主要研究内容

交通运输经济,是现代应用经济学的一个分支,以现代交通运输经济基础理论及其应用为主要研究对象,力求合理提供交通运输服务,并为解决实际交通运输经济问题,如:正确制定交通运输政策、交通运输价格,合理构成交通运输系统、缓和交通拥挤、改善交通运输市场管理,交通运输业合理投资以及交通运输设施(设备)的合理配置与有效利用等提供经济论证。

由于交通运输经济广泛涉及社会、经济各领域,使在应用现代经济基础理论解决实际问题时,必须注意有效地利用有关统计学、社会学、保健经济学、公共经济学等相关学术领域的研究成果,必须注意与国民经济其他有关部门利益间的相互协调,只有这样,才能获得有益效果。交通运输经济的研究内容主要包括:①交通运输产业特性,包括交通运输业是第三产业,运输服务基本特征以及运输供求特性等。②交通运输管理问题,包括宏观和微观管理两个方面:宏观管理,可以交通运输业为对象,着眼于整个交通运输体系及各运输方式产生最大社会经济效益而制定有关政策、发展规划、合理交通运输结构及运输市场管理等;也可以交通运输企业为研究对象,侧重于提高单位运输生产率和增进企业经济效益而制定有关经营决策。微观管理,指为实现宏观管理目标,合理组织交通运输设施(设备)的运输生产作业、技术管理及有关经营管理制度与方法。③交通运输价格,包括交通拥挤费用与价格形成以及运价基本原理、测算与运价政策等。④交通运输投资与经济效益,包括交通运输投资计划、交通运输经济效益。⑤交通运输环境经济及能源经济等。

(三)交通运输的作用

交通运输的作用,包括社会作用与经济作用两方面。

1.交通运输的社会作用

交通运输的社会作用,指交通运输对于人类社会的形成与发展,维护国家的统一与团结,增进文化交流以及巩固和加强国防等方面的重要作用。

在古代,自人类转入定居生活以后,便开始了以住地为中心的步行交通的历史。从住地通往四周的道路逐渐开始固定下来。而后,又从自给自足的生活状态发展到物质交换,有了通商、走路和运输物资的必要。但当时的道路由于受到河流、高山的阻碍,使其难以通向更远的地方。所以一个定居部落的势力范围,便在很大程度上取决于交通运输的发达程度。在交通所及之处，人们使用共同的语言、基本一致的生活方式，从而形成一个统一的人类社会。

在现代，交通运输的社会作用则更加重要。首先在于，交通运输对于巩固国防具有特殊意义。为了建设强大的现代化国防，首先就需要大量现代化的机械设备、武器和其他建设物资的运输。如果没有交通运输的保证，就不可能建立起强大的军事工业，就不能建立起巩固的防御体系。同时，交通运输在战时又是联系前线和后方的物质支柱，没有优良的交通运输设备和手段就不能保证前线上具有持久的强大的打击和歼灭敌军的能力。交通运输对于巩固工农联盟也具有重大意义。在发展工业的基础上，不断以新的技术来改造和提高农业，是巩固工农联盟的重要手段。而作为工农业生产联系纽带的交通运输业，如果能以最低的运输成本、最高的运输效率、最好的运输质量，经常不断地保证把农产品（及其制品）及时输送到城市，把城市的大量农业生产资料和生活资料运到农村去，不断促进城乡（工农业）物资交流，就会为奠定工农联盟的经济基础，起到重要的物质保证作用。

此外，交通运输业对于促进国家统一和人民团结也具有重要意义。我国是一个疆土辽阔、有50多个兄弟民族组成的人口众多的社会主义大国。特别是多数兄弟民族又聚居边疆地区。中华人民共和国成立以来，我国政府大力发展交通运输业，先后修建了许多重要的交通干线，如青藏、康藏公路及兰新、成昆铁路等。借助四通八达的由铁路、公路、水路、空路所组成的现代化交通运输网，把我国首都北京和全国几十个省市自治区，以及众多的边远城乡紧密联结成一个在政治、经济、文化、国防等方面统一的有机整体。在960万平方千米的土地上,14亿多各族人民紧密地团结在中国共产党的周围,为实现社会主义四个现代化的伟大目标共同奋进。

2.交通运输的经济作用

(1)保证了社会生产与消费的正常进行

交通运输是一切生产过程中不可缺少的组成部分,甚至在生产过程内部也离不开交通运输。比如,就物而言,在工业生产过程中的传送带、厂内专用铁路、汽车用道路、架空索道以及其他专用运输设备都是进行生产的必要条件。而在某些矿业生产过程中,运输设备则将所采掘的自然矿物运输到地面上来。而农业生产过程中运输设备承担了肥料、种子、机具等的运输。就人而言,交通运输还作为各项社会经济活动的联系纽带,把为创造社会财富而进行各种社会活动的人们安全、及时地运送到各工作场所,以保证社会经济活动的顺利进行。从这个意义上也可以说,交通运输还是各项社会经济活动的第一道工序。因此,无论就物的移动,或就人的移动而言,交通运输都保证了社会生产的正常进行。

交通运输还保证了社会产品的消费得以实现,它不仅保持了工业企业相互间的生产联系,也保证了工业中心和农业地区间产品的正常交流。社会主义公用运输业在为社会生产服务过程中,为工业企业运来原料和燃料,运出半成品和成品,为农业生产单位运来机器、工具等工业制品,从而既保证了工农业生产过程的正常进行,又给社会提供了消费工农业产品的可能性。因此,若没有交通运输业,社会便不能实现社会产品的使用价值,社会生产过程也就不能正常进行。

(2)有助于社会生产力的合理布局与生产能力的增大

就一个国家而言,其所属各地区由于自然资源的类型和数量以及开发能力各不相同,如果没有发达的交通运输业为之服务,其区域内自然资源的开发与利用就不能合理进行与发展。例如,旧中国经济落后,交通运输业不发达,生产力布局极不合理,大部分工业集中在沿海一带,广大内地工业极少,少数民族地区几乎没有工业。据1949年统计,沿海七省及津沪两市土地面积不到全国的10%,工业总产值却占全国的77%。西北及内蒙古等地土地面积占全国的45%以上,工业总产值却只占3%;钢铁工业主要集中在东北鞍钢,而铁矿资源丰富的内蒙古、西北、西南等地区几乎没有钢铁工业;纺织工业主要集中在上海、天津、青岛、大连等城市,而在内地广大棉区则很少有现代纺织业。旧中国生产布局的不合理性,进一步加剧了经济发展的不平衡,使生产地远离原料、燃料产地及消费地,造成产销联系的严重脱节和社会生产能力的极大浪费。

中华人民共和国成立后,党和政府为了彻底改变旧中国遗留下来的生产力不合理的布局,大量投资建设了包括铁路、公路、水路和空路运输在内的现代交通运输业,从而使大量建设物资、机器设备、材料、粮食及日常用品等及大批建设人才输送到新的工业基地、矿山、林区,同时,又把那里的产品源源不断地运往各消费地。从而在全国范围内合理布局了生产力,加强了沿海工业基地对内地和边疆工业基地的支援,沟通了新的生产基地产、供、销诸方面的联系,促进了它们的发展。

（3）有利于社会经济生活的稳定与提高

在交通运输史上曾有过主要以风力为动力的帆船运输,其运输工作的可靠性在很大程度上取决于风力的有无和风向以及风力的大小。而当出现以蒸汽机为动力的汽船运输后,则大大提高了物资运输的可靠性。后来,随着交通运输业的发展和技术进步,特别是现代定时运输工作的组织,使企业生产所需各项原料、配件、燃料等可以按计划运进,社会各界所需的各类物资可以按需要不断地运到消费者手中,特别是人们生活所需粮食、蔬菜、日用品、衣物等可按时得到供应以及上班、上学者的及时运送⋯⋯因此可以说,交通运输业对社会生产与生活秩序的稳定起着重要作用,是社会赖以存在和发展的必要因素。

（4）有利于市场的形成与扩大

由于交通运输对于商品市场的形成与扩大具有下列约束条件。

第一,运输距离与速度。这是限制市场范围的基本条件。若能达到运送距离长而运输速度又快,就可使得一些必须保鲜的商品(如蔬菜、水果、鲜鱼、鲜肉类等)克服空间与时间两大阻碍,在短期内进入市场,并在一定程度上保持价格比较低廉、稳定。

第二,运输频率与运量。即一定时间内的运输次数与运输商品的数量。在运力一定的情况下,运输频率越高,或频率一定而运量越大,则商品市场的内容和延续时间就越有保证。极端而言,若某类商品一年只能运一次或几次,而运量又有限,则该类商品的市场延续时间就相对较短;而若某类商品虽然一年只运一次或几次,但运量很大

（如以百吨、万吨计），则该商品市场的内容就会丰富起来，市场的延续时间也相对较长。

第三，运输费用。运费低廉、价格便宜，这对市场有着至关重要的影响，运费越低，有效运距就越可能延长，商品市场的范围才越可能得以扩大。因此，交通运输的发展有利于经济市场的形成与扩大。

第四节　信息化管理在公路运输经济中运用的必要性及现状

公路经济的发展可以很好地促进城市的综合发展，是每个城市在开发建设不可或缺的一个因素，近年来，伴随城市发展的节奏加快，公路运输越来越受到更多的关注。目前，运输方式越发的多元化，例如空运以及水运，但公路运输始终最具优势，因为其速度快、灵活性强、成本低、覆盖范围广，使得公路运输慢慢成为运输领域的支柱，公路建设可科学地增加经济中的内需，不但促进交通运输业的进步，还可提升劳动力就业量，由此可见，公路经济是十分重要的，信息化的发展给公路经济提供了不错的机会，同时也带来了新的挑战，对此，公路经济产业必须抓住机遇，做到与时俱进。下面，笔者简要分析了信息化管理在公路运输经济中的作用以及应用策略。

一、信息化管理在公路运输经济中运用的必要性

在公路运输经济中，信息化管理包含了大量的工作内容，通常涵盖了顾客订单及运输项目等，从顾客订单着手，

运输企业要详细记录顾客的基本资料,确定运输物件,同时要分配好接收和货物交付人员,确保订单号还有相关工作人员准确无误,在运输过程中,企业有必要充分掌握车辆的运输进度,以便可以及时反馈到顾客手上,如果发生顾客投诉的情况,企业就可及时排查备案,以防止再次出现相同状况。

(一)信息化管理可提高企业资源配置的合理性

一般来说,信息化管理能够为运输公司带来准确有效的信息,其中包括了市场信息以及竞争对手的基本情况,公司在取得相应的信息后,能够根据其实际发展状况规划出实际可行的发展策略,这有利于加强公司资源的分配,还可以帮助公司在市场竞争中占据优势地位。此外,公司有必要计算出每个生产周期的实际状况,实时开展战略去控制局面,所以,信息化管理能够很好地促进公路运输公司的资源优化分配。

(二)信息化管理可提高企业的服务能力

在社会经济持续发展的背景下,大家对各大行业的服务质量的标准日益变高。作为一个公司,不仅必须要为消费者带来高质量的商品,同时还必须为消费者带来优质和便捷的服务,由于公路运输属于服务业的领域内,即根据顾客的需求,将相应的货物发往指定区域或是地点,同时应收取一定的费用,此外,公路运输行业的竞争也十分激烈,迫切需要扩大其市场份额并增强其服务质量,信息化管理能够帮助顾客随时随地获取货物运输的一些资料,若是出现安全事故,顾客只需在信息化管理的系统上登录,即可马上获取相关的资料,对于他们自己产生的损失,他们可实时了解赔偿信息,让顾客享受更便利、优质的服务。

(三)信息化管理可实现企业管理目标

信息化管理能够提高公司在生产环节中的清晰度,对于在生产环节中所产生的问题可以实时进行处理,并可以及时地避免资产损失、组织结构冗余以及生产水平降低等情况,另外,它能够加强公司各单位之间的信息交互,有利于公路运输公司实时掌握相关的内外部情况,这些信息可以帮助公路运输公司作出有效的决定,从而促进公司积极稳定的发展。

(四)信息化管理可降低企业的经营风险

与其他行业比起来,公路运输公司有着很多不稳定因素,例如天气以及交通方面的因素。总体来说,在中国北部的冬季,运输过程中经常受到风雪气候的影响,甚至在恶劣的环境下可能受到台风的袭击,这在很大程度上影响到运输。另外,各个地区时常都会进行道路建设,并且需要公路运输进行绕路,这不但浪费了时间,也会消耗更多成本。所以,为了有效地提高公路运输服务的质量以及效率,不可能盲目发展公路运输经济,还需要实时获取相应的社会讯息,只有这样,才能更好地防止各种事故的发生。

二、信息化管理在公路运输经济中存在的问题

近几年来,公路运输在信息化管理上获得了长足的进步,但是伴随社会经济的持续发展,不足之处仍然很多,按照现阶段公路运输的实际状态,有必要对信息化技术展开更新,能够及时应对信息化管理过程中出现的问题,主要

表现在以下几点①。

（一）信息化管理未全面普及

公路运输给整个社会的进步创造的经济利益是非常大的。特别是伴随新时代互联网电子商务的飞速进展,公路运输获得了长足的进步,进而让公路运输领域的经济价值维持可持续的发展,在信息化管理的实际情况下,一些运输公司还尚未注重信息化管理的发展,而是将信息化管理作为现阶段升级发展所需要的一种模式,对它的内在含义并未去进一步了解。

（二）信息化管理意识不足

物流产业为社会的进步创造了不错的经济效益,但是在和公路运输合作过程中也出现了大量的问题。一些公司仅仅看到运输表面的利益,但是忽略了运输经济的固有管理体系,尚未展开真正的内涵教育,没有看到信息化管理对公司发展的关键性。同时,尽管一些公司在管理中持续加强信息技术,但是还是没有进行实际的实践,对于用于平台建设的财务支持不够,导致管理效果较差。公司内部人事管理制度也有一定的不足,这十分制约了公路运输的积极发展,也就无法提升公路运输的服务质量。

（三）信息化管理系统不完善

构建全面的制度是公路运输信息化管理的基础,但是,许多公司尚未积极地去优化管理体系,运输过程中对于一些细节没有充分地进行考量,也缺乏较为科学的参考

---

①高媛颖. 探析公路运输经济中的信息化管理[J]. 中国市场,2021（31）:195-196.

依据。所使用的运营形式也基于管理经验,从本质上创建了信息化发展的框架,很大程度制约了其发展前景。对此,运输经济信息管理有必要从内部展开创新,构建合理的科学体系,推动公司内部行政运作的发展。此外还有很多运输公司过分注重表面工作,十分在意工作的记录状态,但是没有看到运输过程中业务的安全保障,实践起来效果不佳,缺少专门的团队去管理,很多信息管理功能都不能正常运行。

三、信息化管理工作开展的策略

(一)建立信息内容管理工作平台

为了增强高速公路以及交通运输总体经济中相关信息管理的综合质量,有必要构建新的相关信息管理工作系统,信息内容的日常管理涉及问题型公司管理的各个方面,涵盖了运输前的相关信息管理任务,运输环节中的一些信息管理,还有交付后的一些信息管理模型。因为很多信息管理起来较为复杂,公司本身有必要去强调所有信息管理的相关平台的有序规划以及建设,以建立大量相关信息间的交互链,推动运输服务质量的提升。另外,大规模公司带来的大量信息管理模型平台的建设,不单单基于内部公司自身,而且优化了与外部信息内容的联系。将有关行业发展的更多信息纳入评估管理系统,以获得更有效的评估结果。

(二)构建管理评估系统

时代在不断发展,社会也在持续发展,现阶段人们的思维理念都产生了巨大的变化,不存在没有变化的市场,也不存在停滞不前的经济。因此,公路运输经济的信息化管理需要持续地去创新,结合市场需求,构建信息化管理评价机制,增强信息化服务质量,始终以客户为中心,结合评价结果完善公司的管理体系,以适应时代的发展,跟上时代发展的脚步,另外,也需要增强内部工作人员的素质。在现阶段快速发展的信息时代,日益增多的公司在管理过程中缺乏一些高素质的管理人才。因此,必须保持并提高内部职员的素质。对于公路运输市场监管人员而言,甚至有必要改变他们过去的工作方法以及做事态度,以便他们能够学习使用计算机网络来处理公路运输事故,专门研究计算机操作知识,并能够熟练操作与运输相关的计算机程序。管理者应强调职员的计算机培训以及学习,增强职员的互联网意识,让他们能够理解公路交通经济信息化的关键性,并理解以及熟悉基础知识。此外,应适当鼓励职员尽可能参与到计算机学习中,适当奖励表现优秀的员工,并可以举行表彰大会等,以全面激发职员的积极性、主动性以及创造性,为了让大多数职员都能参与到学习中,可以聘请行业内的专业人士来公司展开集中培训,使职员能够亲手操作计算机,从而使他们能加深了解。

(三)建立健全公路运输客户服务体系

运输行业的经济利益与顾客的体验感受相挂钩,只有高品质的服务才可以获得更高的利益,所以,增强顾客的服务质量可以推动公司的发展。公司内部管理职员应当设置一定的服务标准,员工应学会站在对方的角度去理解问题,并全面考虑到顾客的需求,或是结合本身的经验为顾客安排科学的计划,以保障公司可以积极运营。公路运输领域的顾客服务有必要从实践经验中取得,员工可以利用与客户的持续沟通来获取更多信息,并根据这些信息为客户创建完善的服务解决方案,建立完整的客户服务体系对于运输经济信息化至关重要,它以顾客的需求为主,在规范化的服务基础上提供更周到的服务。员工必须以自己强大的专业素养确保让客户满意,并为公司运输管理做好后勤保障。

(四)科学制定公路运输信息评估机制

信息化管理的建设时间相对较长,需要公司与顾客之间加强沟通,不断地磨合,同时也要完善信息技术。因此,公路运输经济应该设立科学合理的评价机制,结合运输行业的发展信息,整合有用的数据,实时掌握社会的发展现状,并及时提供反馈。公路运输的经济信息管理有必要掌握运输的进度以及质量,构建评价机制有利于领导者及时获取有效的信息,进而更好地应对相关问题。此外,基于信息评估,可以预测今后的发展趋势,规划科学的发展战略,优化公司的信息管理以及经济发展,为公司今后发展规划科学的发展策略,提高运输公司的经济效益。

总之,探索信息化管理在公路运输经济中的作用是非常重要的,本书主要分析了信息化管理在公路运输经济中的优势,然后提出了几点切实可行的管理策略。研究指出,建立相关的信息化管理平台,建立完善的公路运输客户服务体系,优化和改善公司内部信息化管理评估体系,可以有效提高企业公路运输的信息化管理程度。

第二章 公路运输及其经济特征

第一节 公路运输与公路运输产品

一、公路运输与公路运输系统

公路运输的含义有广义和狭义之分。从广义来说,公路运输是指使用一定的载运工具沿着公路实现对人或物的空间位移;从狭义来说,由于汽车已成为现代公路运输的主要载运工具,因此现代的公路运输即指汽车运输。

公路运输是现代运输方式之一。各种现代运输方式具有不同的技术经济特点和不同的运输对象,对运输条件、运输服务质量有着不同的要求,而且各地区自然地理条件差异较大,因而各种运输方式既存在竞争,又需要协调配合、优势互补。公路运输不但适用于中短距离的客货运输,在长途运输方面尤其是在缺乏铁路和水运条件的地区,也发挥着重要作用。

运输系统由三个子系统构成:具有一定技术装备的运输网络及其结合部系统,运输生产系统以及运输组织、管理和协调系统。运输网络及其结合部系统是运输业的固定设施,包括铁路、公路、站场、港口等,通常被称为"运输基础设施"。它们建成后就不能再移动,一般情况下也不能再用于其他用途。运输生产系统利用移动性的运输工具进行运输生产、提供运输服务。运输组织、管理和协调系统是促进运输生产顺利进行的一系列活动、准则、政策等,也需要一系列硬件设施作为技术支撑。

公路运输系统也是由上述三个子系统构成的,即公路运输设施网络、公路运输生产系统和公路运输的组织管理系统。

二、公路运输在综合运输系统中的作用

运输在人类社会经济、文化、政治、军事等各个方面都有着重要的作用和意义。货物和人的空间位移是人类社会活动的一项基本要求,因而运输对经济发展起着基础性作用。运输条件的改进和完善促进了社会分工和规模化生产,是工业化的基础。运输促进不同国家和地区的人民之间的交流,从而推动包括经济一体化在内的广泛领域的国际一体化。

公路运输兼具通过、送达和集散功能,是现代运输方式中功能最齐备的运输方式。它能够适应空间和时间的密集性,是高强度、高密度区域运输的基础性手段。公路运输在现代综合运输体系中发挥着基础性的作用,是综合运输系统的终端运输方式和不同运输方式之间衔接的纽带。公路运输也能够借助高速公路和大吨位货车完成通道性运输。

三、公路运输的基本技术经济特征

运输业出现早期,由于运输技术、运输工具比较落后,

克服空间障碍是运输业的主要功能,也是运输产品最重要的特性。随着技术的不断发展和进步,克服距离障碍实现客货位移已经成为十分平常的事情。除了考虑空间效用外,人们也开始重视运输产品的时间效用。空间效用反映运输跨越空间障碍的作用和能力,时间效用反映运输实现人或物空间位移需要支付的时间代价。

公路运输具有空间和时间上的广泛性。运输活动产生于人类生活和社会生产的各个方面,在任何地方、任何时间只要有运输需求的存在,就可能产生运输活动。因具有机动灵活、通用性强等特点,公路运输活动的空间范围较其他运输方式更为广泛。只要有运输需求,能够通达汽车的地方就会有公路运输。公路运输的技术经济特征也决定了其运输活动可以在气候条件允许的任何时间进行,具有时间上的广泛性①。

公路运输具有空间上的特定性。这包含了两个含义:第一,具体的客货位移发生在确定的方向上,运输活动具有特定的流向和流程。自然资源和生产力分布的不均衡造成运输在方向上的不平衡。在一年内的不同季节,客货运输量也可能会出现方向上的不平衡。第二,公路运输活动发生在特定的区域内。不同区域的经济和社会发展水平不同,决定了运输需求的区域性特征,决定了运输活动只能发生在特定区域。

公路运输还具有时间的特定性。一方面,运输活动在时间上具有一定的波动性和规律性。大多数货物在生产

①蓬春清.公路运输与促进经济发展[J].人文之友,2021(23):159-160.

或消费上具有季节性,旅客的出行也有时间上的波动性。例如,通勤客流一般集中在上下班时间,探亲访友客流一般集中在节假日,旅游客流则在节假日和旅游季节相对比较集中。另一方面,运输产品具有很强的时间效用,运输需求带有很强的时间限制。对货运来说,由于商品市场千变万化,货主对运输起止的时间要求各不相同,各种货物对运输速度的要求相差很大。对客运来说,每个人的旅行目的不同,对旅行时间的要求也不一样。

公路运输在空间和时间上的广泛性,使得公路运输的过程难以监控,只能通过法律规章的形式对运输活动进行约束,以保证运输质量达到一定的水平。

因运输对象、运输起止地点、运输路径、运输时间、运输工具、运输服务水平等运输要素的区别,运输产品存在差异。不但公路运输与其他运输方式的运输产品之间存在差异,公路运输产品自身也存在明显的差异。

第二节　公路运输的外部性、公益性与公共产品属性分析

一、公路运输的外部性

外部性理论的提出可以追溯到亚当·斯密(Adam Smith),他认为每个人在追求自身利益时也通常促进社会的利益。外部理论的概念则是由马歇尔首次提出的,他在研究个别厂商和行业经济运行时提出了"外部经济"和"内部经济"的概念。前者是指某个产业的一般发达对经济效

率提高所产生的经济性,后者指某产业的个别企业本身资源、组织和经营效率提高所产生的经济性。马歇尔之后的很多经济学家对外部性问题进行了深入研究,不同的经济学家也对外部性给出了不同的定义。但归纳起来不外乎两类:一类是从外部性的产生主体角度来定义。如萨缪尔森的定义:"外部性是指那些生产和消费对其他团体强征了不可补偿的成本或给予了无须补偿的收益的情形。"另一类是从外部性的接受主体来定义。如兰德尔的定义,外部性是用来表示"当一个行动的某些效益或成本不在决策者的考虑范围内的时候所产生的一些低效率现象,即某些效益被给予,或某些成本被强加给没有参加这一决策的人"。这两种不同的定义在本质上是一致的。

目前为大家广泛接受的一种对外部性的定义是:在缺乏任何相关交易的情况下,一方所承受的由另一方的行为所导致的后果。

若某经济个体A的效用函数为:$U_A=U_A(X,Y)$,式中$X=(x_1, x_2, \cdots, x_n)$表示个体A的行为,$Y$表示A之外的与之无交易关联的其他个体的行为,那么就存在外部性。

外部性的产生可能是一方的行为产生的成本中有部分由其他个体来承担,也可能是一方的行为产生的效益有部分由其他个体享有。当生产或消费的成本不由生产者或消费者全部承担时,一方的行为给外部造成消极影响,导致其他个体的成本增加,称为"负外部性";当生产或消费的收益不由生产者或消费者完全获得时,一方的行为给外部造成积极影响,导致其他个体的收益增加,称为"正外部性"。无论是正外部性还是负外部性,其存在都导致了人们承担成本和享有收益的不完全对等,使得资源配置偏离帕累托最优状态。

瓦伊纳将外部性区分为金融外部性和技术外部性。金融外部性是指通过市场价格体系起作用的外部性,而技术外部性则指未通过市场交易或价格体系反映出来的外部性。金融外部性并不是市场失灵的原因,在没有跨期替代的情况下,它的存在并不危及帕累托效率,所以我们在此只关心公路运输中的技术外部性问题。通常的经济学文献中所提到的外部性都是指技术外部性。

人们对运输外部性的研究几乎从外部性概念出现的时候就开始了,而对运输外部性的重视和深入研究是随着其对自然环境压力的加重、交通事故风险的增加以及交通拥挤问题的恶化而开始的。有人按照外部性的不同来源将运输的外部性分为三类:一是由运输基础设施的供给引起的外部性,例如视觉干扰。二是与车辆相关的外部性,例如车辆生产和处置导致的污染、车辆停放导致的停车区的拥挤等。三是由运输活动引起的外部性,如空气污染、噪声污染等。然而对于这几个方面的运输外部性,不同的学者也持有不同的看法。例如,对于拥挤成本是否是运输活动产生的外部性,有人认为交通拥挤成本一部分由交通设施的供给者承担,另一部分由交通设施的使用者承担。前者属于供给者"账户"内的,不构成外部性;而后者可以算作运输的负外部性。有的人则认为,在不考虑拥挤带来的大气污染等前提下,拥挤成本分别由交易活动的双方分担,因为这仅仅是系统内的现金流转移,属于系统的内部性。

　　有的学者认为对运输外部性概念持续争议的原因在于人们对内外"边界"有着不同的界定。外部性的系统论解释基于这样的观点：如果认为双边交易或者多边交易构成了一个系统，且这个系统造成了对其环境系统的扰动，那么这个交易系统就是存在外部性的。这一观点的引入，在经济学上也通常将外部性看作是一个交易系统成本或收益的"溢出"。如果是成本的溢出，则称为"负外部性"或"外部不经济"；反之，则是"正外部性"或"外部经济"。

　　在研究运输外部性问题时，以下问题通常引起人们的困扰。

　　第一，交易的边界究竟应该被划在哪里？这也许是运输经济领域关于外部性争论最为激烈的问题。较为典型的观点是将运输的外部性分为运输系统内部使用者的互相影响和运输系统对外界的影响两种，也有的学者将运输外部性分为主体外部性和行为外部性，还有学者将这两种划分方法结合起来进行研究[1]。

　　第二，对正外部性和负外部性应该如何评价？交易的外部性引起的正面和负面影响相伴而生，不可分离。在不同的经济发展时期，人们对外部性的评价也不一样。

　　第三，外部性无疑与社会公正有关，怎样来分担负外部性以及如何分享正外部性？

　　关于第一个问题，存在着将公共产品的供给和私人产品的供给特征混为一谈的情况。如果将运输系统看成一个交易体系，那么交通拥挤问题就是边界内交易，或者是

---

①佟煜. 公路运输业风险评估流程构建——以H公司为例[D]. 石家庄：河北师范大学，2017.

属于"交通系统内部用户的相互影响"。但是不能肯定这种内部扰动一定不存在对交通系统外部的扰动。对于这一困扰，又有学者提出了"间接外部性"的概念，即将这种对外部的扰动归结为一种间接的外部性。

本书坚持认为，外部经济或者外部不经济都是交易收益或成本的溢出，即这一部分损益没有被计入交易者的私人损益，而交易边界的确定事实上是简单的问题；最直接的交易，无论它是发生在交通运输系统内部，还是发生在交通运输系统与整个社会系统之间，只要这种交易关系有明确的卖者与买者，双方的支付不足以承担这一交易的全部损益，那么就认为存在外部性。也就是说，本书以最简单的原则来确定交易边界。这一原则一直被主流经济学家所坚持，否则几乎任何具有外部性的物品生产都可能面临交易边界确认的困扰。例如钢铁企业向大气排放有害气体，但是如果将钢铁工业看作一个系统，那么其内部交易中也存在相互干扰。

按照该原则，我们可以认为，无论是运输设施的供给还是运输行为的产生，终究都是为了满足人们对客货空间位移的需求，而这不过是实现客货空间位移的两个阶段——运输设施供给者向运输工具的使用者提供运输条件，而后者利用运输工具实现客货的空间位移。这就是说，公路运输设施的供给者和旅客/货物托运人之间的交易可能不是直接的。这存在以下两种情况。

第一，运输设施的供给者与旅客/货物托运人之间直接发生交易，即运输设施供给者与运输工具的使用者之间发生双边交易，而后者是通过自有运输工具实现其自身或货物位移的旅客/货物托运人。

第二,运输设施供给者与旅客/货物托运人之间的交易间接完成,包括运输设施供给者与运输工具的使用者之间的直接交易和运输工具的使用者与旅客/货物托运人之间的直接交易。

公路运输设施的供给者与运输工具的使用者之间的双边交易,会产生一定的外部性,可以称之为"运输主体的外部性"。这种外部性,一方面对交通运输系统外部的消费者产生影响,例如对他们造成了视觉障碍,或者为他们提供了可供观赏的风景,或者一条公路的修建引起沿线土地和房产的增值;另一方面,又作用于交通运输系统内,如公路里程的增加改善了公路网络的连通性而提升现有公路的价值,即产生了交通设施网络的经济性。运输工具的使用者和旅客/货物托运人之间的双边交易行为,也会产生外部性。这种外部性既会作用于交通运输系统外部的消费者,例如机动车尾气排放造成的大气污染对人们的健康产生威胁,又在交通运输系统内部的消费者之间相互交织,例如交通拥挤。如果以交通运输系统为界,这些双边交易产生的外部性一部分是作用于系统的内部——交通运输系统内部用户的相互影响,一部分作用于系统外部。不能将旅客/货物托运人与运输基础设施之间的交易简单地看作是一种"内部交易",否则将导致对运输外部性的分析陷于混乱。

对交易边界的随意解释,可能使得外部性这一重要的经济学工具变得毫无意义。例如,有一种观点认为,对于运输基础设施供给的正外部性来说,如果供给者是政府,那么这些所谓的正外部性是政府决策必须考虑的内部效益,也就是运输设施项目建设的主要需求源和出发点,如果仍作为外部性则是效益的重复计算。但是如果运输设施为私人供给,上述正外部性并不由该供给者享用,因此属于真正的外部性。这里的逻辑漏洞之一是:政府的内部收益是什么?工程经济学利用内部收益率这一财务指标评价工程的价值,政府的内部收益仅指一种政府产品(或者是实际的物品,或者是服务,或者是某种政策)所导致的财政效果。众所周知,财政效果不可能将政府物品的收益和成本给予全部的支付。逻辑漏洞之二是:政府也不是政府物品的受益人。因为直接的受益人如果是政府,那么政府物品的供给就必然是以寻租为目的的。

可见,对外部性的认识只能基于最基本的交易边界,也就是最小的交易边界。因此所有交易都只能被确定为直接交易者之间的交换关系,而不能随意地将最基本的双边交易扩大为多边交易。

二、公路运输基础设施的公共产品属性分析

公共产品(Public Goods)是这样一些物品,不论每个人是否愿意购买它们,它们带来的好处不可分开地散布到整个社区里。公共产品具有消费上的共享性和非排他性。

消费的共享性也称为"消费的非竞争性"。共享性意味着新增加的消费者不会减少原有消费者的效用,在物品具有网络特性的情况下,甚至可能增加原有消费者的效用。

共享性物品的增量使用者的边际成本在一定范围内为零,即使是所有人消费某种公共产品相同数量和相同质

量的服务。但是当越来越多的人消费该项产品,人们所得的消费利益将下降。这种状况就称为"拥挤"。拥挤意味着物品的使用者之间出现了相互影响,即一个人的福利是别人行为的函数。因物品的稀缺性,许多共享性物品都会出现拥挤现象。消费者由于拥挤而导致的损失称为"拥挤成本"。

公路在建成之后其所能承担的交通量是既定的。在不存在超载运输、通行车辆同质的假设下,达到饱和交通量以前,公路上增加一辆车不会影响其他车辆和行人对公路的消费,增加的车辆不会为公路使用者带来拥挤成本。公路的建设成本与设计的交通量有关,实际交通量的大小还影响到公路的养护成本,因此交通量增大(即使没有达到饱和交通量)会导致公路养护成本增加。随着车流量增加,如果不增加对公路养护的投入(即公路生产成本保持不变),路况的恶化将导致消费者使用公路的成本增加,即车流量增加导致的增量成本由公路供给者转移到公路使用者身上。

运输需求发生在特定的区域和特定的时间,它的这种空间和时间上的特定性不易改变,公路运输也不可能像实物产品那样在不同的区域和不同的时间之间进行转移和平衡。所以,一旦一条公路在车流高峰时间产生了拥挤,就表示这条路已经达到了饱和水平。如果在这种情况下不修建新公路,也不拓宽现有的公路,公路边际生产成本的增加可能不是太大,但交通拥挤将大幅增加公路使用者的时间成本、车辆运行成本以及可能导致的事故损失等。

同样,对于一定规模的某公共运输场站来说,在使用该场站的运输经营者或运输车辆达到一定数量之前,增加一个运输经营者或一辆车并不影响其他运输经营者对该场站的使用,由此给场站运营所带来的边际成本为零或近似为零,这时表现出对该运输场站使用的非竞争性。但是当使用该场站的运输经营者或运输车辆接近该场站的规模边界时,新进入的运输经营者或运输车辆就会导致场站运营费用的迅速增加,并且使其他使用该场站的运输经营者获得的效用受到一定影响,这时对该运输场站的使用是具有竞争性的。运输场站的运营规模达到设计规模后,如果继续增加运输的客货数量,将会严重影响旅客对候车座位、餐厅、厕所等资源的使用以及货物对停车场、仓库等资源的使用,由此对旅客和货物所带来的成本增加是非常显著的。

可以看出,公路运输基础设施是拥挤性公共产品。

非排他性意味着公共产品具有较高的排他性成本。排他性成本是指排除无权使用物品者的成本。高排他性成本意味着一种物品的使用不能被限定于那些对其生产成本有贡献的人。有些物品则在现有技术条件下根本不可能实现排他,有些物品排他成本通常会超过产品本身的价值,有些物品是否需要实现排他是政策选择的结果,还有一些物品的排他则是由于物品本身的技术特性所决定的。例如,高速公路由于其技术要求,不得不将速度较低、安全性较差的车辆排除,这是由于技术要求而实现的排他;收费高速公路将拒绝缴费的车辆排他,则是一种制度安排。

公共运输场站向大众提供的服务也是要收费的。对于客运场站来说,只有给客运站支付了一定费用的公路运输经营者才可能进入客运站从事客运经营。旅客虽然不直接向客运站支付费用,但其使用费用是作为客票价格的一部分支付给了客运站。对于货运场站来说,公路运输经营者也是只有在向场站交纳了相应的费用之后,才能享受通过场站进行货运经营的权利和货运场站提供的各项服务。由此可见,公路运输场站完全可以将那些拒绝付款的消费者排除在其使用范围之外,具有明显的排他性。而如果不考虑公共运输场站免费开放带来的种种弊端,也可以使其具备非排他性。

由此可以看出,公路运输设施可以具有非排他性,也可以做到技术排他,关键是社会经济条件和公路运输发展状况要求我们做出怎样的选择。

三、公路运输的公益性

所谓的"公益性",是指产品或服务受益的公共性,即产品或服务使公共集体获得效益,而自身没有得到相应的补偿。这里所说的效益包括经济效益、社会效益和环境效益。公益性产生于产品或服务的正外部性以及政府为特殊公共利益需要而提供的产品和服务。纯公共产品由全体社会成员享用,要阻止某些人的享用是不可能的,因此纯公共产品的公益性都比较强。混合产品中公共性和私人性并存,其产生的外部效应具有公益性,而其内在性也会在一定程度上使公共集体获得效益,所以也具有公益性。私人产品有时也能够使公共集体获得效益,具有间接的公益性。

公路运输的公益性包括其产生的正外部性以及公路

运输设施可以排他但没有选择排他,从而使社会成员获得效益,但公路系统并没有从中获得补偿的现象。

(一)公路运输的正外部效益产生的公益性

公路运输具有受益的公共性,即公路运输所产生的效益不仅为旅客或货主所享有,而且使得整个社会从中受益。这种受益的公共性来源于公路运输的正外部性(并不仅止于技术外部性,还包括能够通过价格机制传导的金融外部性),运输活动能够为运输参与者之外的人带来一定的效益,而他们不必为这种收益付出报酬。表现在两个层面上。

1.运输产品的效益

一般只有支付了一定的费用才能实现对人和货物的位移,因此可以认为运输产品是一种私人产品。提到公路运输产品的效益,我们首先想到的是支付了运费、实现了客货运输的消费者个人的受益,即旅客通过旅行得以完成工作,需要进而实现经济上的效益或者得到情感上的满足等,而货物的所有者通过货物的位移也能实现经济上、情感上等多方面的收益。但是从整个社会来说,从运输产品中受益的不只是旅客或托运人。例如,商务人员的出行能够为其本次出行将要接触的一方带来一定的效益,探亲旅客的出行给其将要探望的人带来情感上的满足,学生出行所受的教育有助于国民素质的改善和社会的进步,货物的运输使产品可以在更广的地域范围内销售等。

2.运输产品生产过程的效益

公路运输产品要在具备公路运输基础设施的条件下才能进行生产,所以公路运输生产过程实际上包含从提供运输基础设施到利用载运工具对旅客和货物进行移动的整个过程。公路运输设施生产带来的直接效益是为公路运输产品的生产奠定基础。除此之外，公路运输设施的供给和使用具有促进社会沟通、促进资源开发、提高可通达性、节约成本、扩大市场、促进新的消费、促进产业结构优化等作用。因此，公路运输产品生产过程，不仅提供了运输产品来满足旅客和货物托运人对客货位移的需求，而且通过运输设施的供给对整个社会都产生了效益。

（二）公路运输的内部成本没有得到补偿而产生的公益性

从马斯洛的层次需求理论来看，人类对运输以及温饱、住房、安全等的需求属于低层次的需求。只有这些需求得到了满足，人们才有动力进行更高层次的社会生产。否则，人们的生产活动就主要还是追求满足自身低层次的需求，社会就很难进步。如果运输业落后于社会发展的进程，运输成本高，运输需求得不到有效满足，将阻碍资源的优化配置，这是社会生产效率的损失。

公路运输设施的排他性在技术上是很容易实现的，但是世界上大多数的公路以及其他一些公路运输设施都是免费供给的，这是政府为了满足人们参与社会的基本权利而在公路运输设施供给上选择不进行排他的结果。因此，旅客或货物托运人支付的运费，可能只够弥补运输生产者利用车辆提供运输产品所花费的成本，但是不足以弥补包括公路运输设施供给成本在内的全部成本。在有些情况下，为完成特殊的运输任务，运输经营者不能获得收入，或者收取的运费低于正常水平，导致其利用车辆进行运输产品生产的成本不能得到补偿。公路运输活动使社会公众获得了效益,但其成本并没有得到全部补偿,这就产生了公益性。

运输需求是人类的一项基本需求,实现客货的空间位移也是人类的一项基本权利,应该得到一定程度的满足和实现。如果公路运输的价格较高,势必会对低收入群体形成"经济歧视",导致他们的运输需求不能得到满足,影响人们在运输需求实现上的自由和平等。因此,应该对公路运输进行管制,以保证用较低的运价尽可能充分地满足人们的运输需求,充分发挥公路运输的公益性。管制应该在两个层面上进行。

1.对公路运输设施的供给进行管制

公路运输的固定设施投资很大,而载运系统的固定成本较小,因此公路运输设施的收费在很大程度上影响着公路运输的成本。在我国,尽管公路运输设施的供给还不能做到完全免费,但应该对其实行管制,保证两地之间至少有一条达到一定质量的免费公路相连接,并将收费公路的通行费价格维持在一个比较低的水平上。免费公路的供给可以使两地之间的最低公路运价维持在绝大多数人都能承受、以实现基本客货位移的水平上。高收入者可以要求较高的速度和运输服务质量,收费公路合理的通行费价格可以将与较快的运输速度相对应的运价维持在一个比较合理的水平。

2.对公路运输市场进行管制

对运输市场进行管制,防止公路运输经营者利用其力量制定远高于其成本的运输价格,可以在最大限度上保护消费者权益。

第三节 公路运输的需求与供给

一、运输需求

（一）运输需求的定义

对运输需求的典型表述是：在一定时期内，在一定的价格水平下，社会经济活动在货物和旅客空间位移方面所提出的具有支付能力的需要。这一定义强调：

第一，运输需要和支付能力是运输需求形成的必要条件。

第二，一定的价格水平是运输需求形成的约束条件。

有人认为这一定义存在偏差：其一，未能体现运输活动的基本目标。以运输需要、一定的价格水平和必要的支付能力的有机统一作为界定运输需求的根本依据，价格水平和支付能力就成为决定运输需求的基本变量。然而，价格水平是运输供给的因素，而支付能力是需求主体的因素，将运输供给因素与需求主体因素混合在一起界定运输需求，必然得出这样的结论：在现实运输供给条件下将形成对应的运输需求，运输供给成为运输需求形成的主动因素，这就从根本上否定了运输需求存在的客观性。其二，忽略了需求的层次性。把支付能力作为形成运输需求的充分条件，混淆了需求与需求实现可能之间的界限，也抹杀了需求的层次性。若把支付能力作为需求的界限，就意味着人类已经有能力实现自己的需求，因为超出人们支付能力的就不成为需求了。实际上,有支付能力的需要,仅说明现实条件给人们实现需求提供了选择的条件,意味着超出人们支付能力的需求无法实现。因消费水平、观念、动机的不同,人们有不同的支付意愿,并对相应的产品或服务的品质提出不同的需求。一部分位移需求者有足够的支付能力购买仅完成位移的运输服务,但他们可能因所提供的运输服务品质达不到自己的要求而没有支付的意愿。

上述两种观点并没有明显的矛盾之处。前者是基于一般均衡模型对需求的定义——将偏好与支付能力结合在一起。因为只有这样定义,预算约束和价格机制才能发挥作用。后者则强调运输是一种"需要",这种需要在某些情况下是与"支付能力"没有关系的。一个非常简单的例子是,需要急救的病人也许没有能力支付从他家里到医院的紧急运输费用,但是他依然有使用这种运输服务的需要。

这两种观点是从不同的角度对运输的性质进行诠释,揭示了运输产品的特殊性质——公益性的特征。

运输产品的供给和消费具有层次性,最终的消费者(指那些以货物或者自身的位移为目的的消费者)既可能借助自有的运输工具来完成运输(例如步行或者驾驶自己的车辆),这时他是运输基础设施的直接消费者;也可能通过承运商来完成运输(例如乘坐长途汽车或者是托运自己要运输的货物),这时他是运输产品的直接消费者。一般情况下人们在讨论运输产业时所说的运输需求指的是后者。交通运输基础设施的公益性,或者说社会性是人们公认的,但是对并不具有显著公共产品特征的一般运输产品,很多情况下人们并不认为其具有公益性。对运输需求的第二种定义则隐含了对运输产品公益性的肯定[1]。

一种产品是否具有公益性,主要看它是否是人类生活、生产和社会进步所必需的。这一判断标准又随着人类社会发展水平的变化而变动,处于不同社会发展水平、不同经济发展水平、不同国际环境下的国家和民族对此有不同的标准。以教育为例,尽管有不同的观点,大多数经济学家却认为它不具备公共产品的一般特征。许多国家将教育作为免费品由政府供给。例如明治维新时期的日本,政府推行免费教育,并且为在校的中小学生提供免费午餐。俾斯麦时期的普鲁士帝国也有相似的教育政策。也有很多国家没有对教育给予足够的重视,表明这些国家并不认为教育是必不可少的。再如食品,这是典型的私人产品,但是在古罗马帝国,人们认为帝国有向罗马公民提供食品的义务,因为食品是人类必需的物品。这一观念成为现代福利制度的思想基础,即某些物品是人的基本需要,即使这个人再贫穷,也有拥有这些物品的权利。至于哪些物品是人类生活的基本需要,社会发展水平不同的国家会有不同的选择,选择的结果通常体现为某种制度安排。例如我国执行的最低生活保障制度,就是在政策上认可任何中华人民共和国公民均应该拥有的生活保障水平。

这种对人类基本需要的认可是对市场机制的补充。因为市场对资源的配置以支付意愿和支付能力为基础,

---

①殷雨佳. 长江三角洲公路运输与快递服务的区域效应[D]. 上海:上海师范大学,2018.

每个社会成员都必须有足够的资源来与其他社会成员交换——或者是物品，或者是劳动力。无法保证社会成员的初始经济资源的分配是均等的，这就意味着某些社会成员必然在某一段时间缺乏与其他社会成员交换的资源。市场依靠个人理性和竞争机制来保障经济资源配置的效率，其最终目的是保障一个社会系统能够获得足够的消费品。然而社会系统并不等同于市场系统。人之所以构成社会，并非为了建立市场，而是基于生存、安全和情感的需要，这种需要是任何社会系统得以建立的前提，因此社会系统尽管以市场交易组织其生产，但是却不能以市场交易代替全部社会关系。某些物品的供给既体现在交易关系之中，也体现在非交易关系之中，运输产品便具有这样的特征。那些不得不在市场交易关系以外提供的运输，本书称为"运输的社会需求"。

（二）运输需求的性质

人们对运输的需要具有间接性。人们为了某种生产或者生活目的而必须利用运输系统，除了兜风和飙车族等个别情况以外，所有对运输的需要都是间接的，即使是兜风或者飙车也并不以运输为目的。兜风是为了欣赏风景、缓解心理压力，飙车是为了体验速度感，运输依旧是间接性的需要。上述对运输需求的第一种定义仅仅强调了运输的市场需求而忽视了运输的社会需求。第二种定义则包括了两种需求，但是没有将它们进行区分。

运输需求由于具有间接性而在经济学中被称为"派生性需求"。这一术语在某种程度上导致了人们对运输需求社会性的忽视，因为人们想当然地认为"本源性需求"才具有优先性。对此本书第三章有专门论述。

社会性需要和市场需求难以截然分离,在一般情况下也无法为社会性运输需要配置专用的运输资源,因此用于满足两种运输需要的运输资源通常是共同的。这种共同性也为政府对运输业进行管制提供了依据。例如,高速公路通行费、长途汽车客票价格的调整均实行听证制度,就是为了在满足市场需求的同时,能够在某种程度上兼顾社会性需要。

旅客运输的公益性在很大程度上已经被认识,货物运输的公益性和社会性也是显著的。例如大多数国家的邮政服务都是非营利性质的,这是货物运输公益性的体现;向食品匮乏地区运送粮食通常得到政府补贴,因为过高的运输费用会提高粮食的价格;我国高速公路为新鲜蔬菜和其他农产品的运输开辟了"绿色通道"。凡此种种,都证明了人们对运输公益性的肯定。

运输需求既然是一种派生性需求,那么影响其本源性需求的一切因素均可能对其产生影响。消费者是否消费运输产品取决于其对本源性需求的效用评价,即消费者根据其本源性需求的效用来判断是否愿意支付运输费用。如果是旅客运输,消费者还会考虑他是否愿意忍受旅途的劳顿、孤独和事故风险。

运输是社会成员参与社会的必要条件,社会成员参与社会越多,他们之间的联系越紧密,对运输的需求就越多。研究表明,在既定的运输条件下,运输量与自然条件、人口分布、产业布局、旅游资源开发等因素有密切关系。研究运输需求的变化,通常有两种方法:其一是将上述因素看作外生变量,研究在既定的社会发展状态下消费者选择的变化。其二是将上述因素看作可变的内生变量,研究在社会状态特别是社会经济状态发生变化的情况下,运输需求将发生怎样的变化。

两种不同的研究方法均可以在经济学中寻找到相应的理论基础。第一种方法研究的是短期内消费者的选择问题。在这一时期内,技术、自然资源分布、产业布局、人口结构均不会发生显著变化,消费者是否使用运输产品主要受到他对本源性需求选择结果的影响。自然,运输费用也是消费者计算损益的重要因素。第二种方法更偏向于对长期变化趋势的分析,所有的因素都是可能发生变化的。

上述两种方法对于运输管制政策的制定具有不同的作用。第一种方法通常用于对现有运输系统提供数量、价格和服务水平的管制;第二种方法则更多地与运输基础设施的供给相关,例如是否需要根据新的产业布局增加公路的供给等。

第一种方法将运输的成本与本源性需求的价格相加,然后与本源性需求的效用相比,由消费者根据个人消费偏好和预算约束做出决策。第二种方法则由政府根据区域经济或宏观经济要素的变化做出运输基础设施是否增加供给的决策。这与公路运输产品的供给特征也有密切的关系。基础设施具有公共产品特征,固定成本高而边际成本低,供给价格弹性较低,增长要经过较长的时间。公路运输载运工具则有固定成本较低、变动成本较高的特征。这一特征使得其供给价格弹性较高,可以在短期内增加供给。因基础设施主要由政府供给,因此公路运输管制的主要对象是公路运输体系中的非基础设施部分。相应地,对运输需求分析的第一种方法对于管制政策的制定具有更加重要的作用。

(三)运输需求的价格弹性

研究运输需求弹性的意义在于为运输管制政策,特别是数量管制和价格管制政策的效果提供预测与评估的依据。根据本书所述的第一种运输需求分析方法,消费者根据运输费用与其本源性需求的效用对比作为自己的决策基础。生命垂危的病人愿意支付昂贵的运输费用以最快的速度到达医院,患有轻微感冒的病人可能连公共汽车票也不愿意支付。不过这一方法却不能作为经济管制的基础,因为每一位消费者对其本源性需求的价值评价是不同的。即使是同一位消费者,在不同的时间对相同的本源性需求的评价也是不同的。因此在制定管制政策时,很难去计算每一位消费者本源性需求的价值,而只能将运输价格作为变量来考察需求的变化——至少在运输价格上涨的时候,需求可能会降低,这一基本假设在大多数时候是有效的。

这一假设是运输管制政策的基础。例如在春节期间铁路旅客运输价格可以上浮20%的政策依据就是一条向下倾斜的需求曲线。依据这样的需求曲线,政策制定者认为可以通过价格杠杆有效地调节春运期间的旅客流量。

不同运输方式之间的替代性,其他运输方式的运价水平上涨而公路运输价格水平不变时,社会总体运输需求量中将有一部分由其他运输方式向公路运输转移,这时公路运输需求对其他运输方式运价的交叉价格弹性为正值。因运输距离、地区居民收入、货物种类、货物价值等方面存在很多差异,具体考察在某个地区、某条运输通道、某一类货物或某种运输服务上,公路运输需求对其他运输方式运价变动的反应也许更合理一些。例如在一条运输通道上,铁路价格提高将会导致部分运量向与之平行的公路转移。而在运输服务质量基本不变、其他运输方式的运输价格也不变而公路运输价格提高时,公路运输的相当部分需求量特别是长途的货运需求量将会转移到铁路、水运上去,引起铁路、水运的需求量增加,进而也将导致车站、港口集疏货物的公路短途货物运输的需求量增加。有些大宗货物的运输由于价值较低,对及时性要求也不高,即使是铁路运价稍有提高而公路的运价水平保持不变,托运人权衡之下仍然可能选择通过铁路来运输。也有一些价值较高的货物对时间要求比较高,并且要求特殊的运输条件,适宜于采用公路运输方式,即使公路运价水平有一定的提高,也不会导致这部分运量向铁路和水运转移。

公路运输完成的运量由两部分构成:一部分是由运输经营者完成的;另一部分是由旅客或货物托运人利用其自有的运输工具完成的,即通常所说的自有运输。旅客或货物托运人选择由运输经营者满足其运输需求还是自己购买运输工具完成运输尽管与多种因素有关,但是不可否认,运输价格在其中产生着重要的影响。如果交通拥堵到一定程度,驾车人的时间成本增加,导致运输总成本急剧提高,也许就会有一些人开始放弃小汽车而改用公共交通。对于货物运输来说,如果货物托运人自己购买车辆完成货物运输比交给运输经营者完成所需的成本更低,他们可能会倾向于采用前一种方式,那么所有的公路运输经营者将要面临运输需求量下降的状况。相反的情况下。例如工厂的生产规模缩减造成自有运输资源不能充分利用,或者企业组织自有运输的专业化水平不高,以至于自己运输货物的成本比由运输经营者完成所需的费用更高,企业就会卖掉自有车辆,解雇运输工人,将货物的运输交给运输经营者去完成。营业性运输的价格和自有运输的成本相对变动,导致公路运输需求在营业性运输和自有运输之间转移。

二、运输供给的成本

(一)公路运输的成本特性

1.经济成本与会计成本

公路运输的成本在会计学与经济学中有不同的定义。成本的两种计量方法体系对于公路运输的经济管制都具有重要意义。会计成本用于确认企业的损益,但是会计成本并不计算机会成本,这是它与经济成本概念的重要区别。会计成本仅仅是厂商提供物品的全部成本中的一部分,例如在存在负外部性的情况下,会计成本不会将溢出的成本计算进去,这方面的例子在公路运输方面屡见不鲜。最为典型的是超限运输——运输业者不需要将由于超限运输带来的外部性成本(公路基础设施的损坏、更多的事故风险、对其驾驶者的影响和更严重的环境污染等)计入会计成本。会计成本资料在资本市场具有重要作用,投资人以企业获利能力判断企业股票的价值,而这一获利能力是以会计损益为标准衡量的。厂商的会计资料对政府同样具有重要价值,政府对企业征税的主要依据是企业的会计资料。

经济管制不能依据企业的会计成本来制定管制政策,这不仅是因为会计成本没有考虑机会成本的因素,而且因为在制定管制政策的时候企业的真实成本是难以得到的。管制必须以社会福利和社会公平为目标。这意味着政府在对经济资源的配置进行干预时,必须计算全部的损益,而不仅仅是某个社会成员的损益。因外部性的存在,社会损益并不等于全部私人损益的简单加总,因此经济管制必须以经济成本为基础。

2.私人成本与外部成本

经济成本等于私人成本与外部性成本之和。经济学中的私人成本也并不等同于会计成本。会计成本基于币值不变,假设计算厂商现有经济行为的资源耗费,不包括机会成本。在完全竞争市场模型中这一问题并不严重,因为资源可以在不同的市场间无成本转移。在非竞争性市场,机会成本的存在意味着政府不得不对市场的进入和退出进行管制,特别是那些进入壁垒较低的可竞争行业。

如果不存在外部性,那么经济成本就等于私人成本,这是政府管制是否必要的判断条件之一——如果不存在成本溢出,那么也通常不存在经济管制的理由。当经济成本不等于私人成本时,我们将经济成本称为"社会成本"。

研究公路运输成本特性的意义在于以下思想观念的建立。

第一,对外部成本的漠视和不合理承担均可能引起经济效率的损失,私人成本如果显著地低于社会成本,那么管制就是有理由的。

第二,如果能够确认外部性成本的制造者并使之承担外部性成本,那么经济管制就可以奏效。

第三,政府管制也是有成本的,此成本的存在也会导致效率损失。现实中难以确定自由市场和政府管制哪种情况下的效率损失更大,因此"政府干预为主"还是"市场化交易为主"一直是经济学界争论不休的问题。

第四,如果某种物品社会成本和私人成本的差距很大,且这种物品是具有公益性的必需品,仅由外部成本的制造者承担全部成本可能会造成物品的短缺,那么由政府来承担一部分外部成本则可能是合理的。

成本可以划分成固定成本和变动成本两部分。固定成本指那些与运输产出量没有线性关系的成本,而变动成本指那些与运输产出量成正比例关系的成本。对于公路运输而言,固定成本也可以被理解为配置成本。所谓"配置成本"指的是为了具备基本的运输条件而支付的费用和时间。在一定的技术和运输能力范围内,这是一个固定的成本。与其他运输方式相比,汽车运输的配置成本较低,固定成本在运输总成本中所占比例较低。在会计核算中并不存在配置成本或者固定成本这样的科目,尽管管理费用、制造费用这样的会计科目中包括了相关的内容,但是要将它们分离出来与经济学中的固定成本相对应,却是困难的。

配置成本包括车辆的购置、车辆维护系统的建立、运输站场的建立等。这些经济行为具有外部性。大量研究表明,外部成本与运输产出量呈强正相关关系,但是没有证据表明两者之间存在严格的线性关系。确定外部性与运输产出量之间的函数关系存在技术障碍,因此在经济学中有时将这种强正相关关系看作是线性关系。

3.固定成本与边际成本

企业车队规模以及车型结构的改变,都会引起固定成本的变化。相对于铁路、航空、水运和管道运输,公路运输运力调整所需要的时间更短,车队规模和车型结构可以在较短时间内发生变化。从单程运输的角度来讲,固定成本就是一次运输活动中的沉淀成本。公路运输的固定成本总是与既定的运力配置相关联。

变动成本与运输产出之间存在着紧密的联系,增加单位运输产出导致的增量成本即为边际成本。在单程运输中,一旦车辆出发就具有一定的运输能力,在车辆运输能力范围内实载率的大小对单程运输的总成本影响甚微,边际成本很小。当实载超过车辆的运输能力,则单程运输的总成本将会上升较快,即边际成本会上升。从运输企业的整个经营过程来看,在既定的运力配置下,如果不超过企业的运输能力,边际成本基本上是比较稳定的一个数值。而如果运输产出在达到企业运输能力后继续增加,边际成本的上升将是显著的。也就是说,在运力配置的范围内运输产出的增加不会引起边际成本大的变动,而一旦超过运力配置的能力范围,运输产出的增加将会引起边际成本的显著上升,表现为公路运输的边际成本曲线具有较宽的平坦底部。

4.交易成本

交易成本在运输成本中占有越来越重的比例。交易成本是指市场中的买者与卖者最终完成交易所以需要支付的费用。包括寻找成本、契约成本和契约保护成本。科斯将交易成本解释为利用价格机制配置资源的成本,将其比喻为市场经济的摩擦力。

高效率的市场必然有较低的交易成本,较高的交易成本通常导致市场效率的损失。交易成本与很多因素有关。

（1）市场结构

完全竞争市场被认为必然会达成某种帕累托最优,因为产品无差异、信息完备和交易者具有完全理性而不需要支付交易成本。

（2）信息分布状况

信息的不对称将增加交易成本,因为人们不得不为了获得对决策有用的信息而支付费用。交通中安全性信息的技术性很强,即使给顾客提供了他们要使用的交通方式的安全性情况,他们也很难理解这些信息。例如,即使允许每个航空乘客"踢一脚飞机的轮胎"以检查其可靠性,他们也不会从中了解到什么。

（3）抑制机会主义的社会机制是否完善

所谓"机会主义"是指人类所具有的在预期成本较低的情况下以非法或非道德手段获利的动机。

（二）公路运输的规模经济

马歇尔对规模经济问题进行了较为全面的分析,他把分工及专业化与规模经济联系起来,将规模经济分为内部规模经济和外部规模经济。前者主要来源于"专业机械的使用与改良""采购与销售的经济""技术的经济"和"企业经营管理工作的进一步划分";后者主要表现为可以利用比较优势的资源、共享基础设施、形成高效率的地方劳动力市场、共享辅助行业的专门服务、利于专业技术的传播和扩散。

现代经济学家中有人提出了企业规模经济的四种形态,除了上述马歇尔的技术经济意义的企业规模经济之外,还有空间意义上的规模经济、企业多元化经营与范围经济以及一体化规模经济。空间意义上的规模经济近似于区域经济学中提出的聚集经济的概念,即众多企业在局部空间上的"聚集"形成了企业在分散状态下所没有的经济效率。范围经济是一种建立在多样化经营基础上的规模经济性。而一体化规模经济,是由于专用性资产的存在,出于产权配置效率上的考虑,实现企业之间的一体化而形成的规模经济性。

还有人提出,应该对规模经济的两个模型——工厂模型和公司模型加以区分。前者反映实物的投入产出关系,在既定的投入下追求使用价值的实物或服务产出最大化;而后者是从成本和利润的角度,要考虑企业经营管理、投入品价格和产品价格等因素,追求企业利润率的最大化。

规模经济有多种多样的来源,其中最直接的一种来自规模报酬。如果所有投入要素等比例增长能够使产出超过这个比例增长,就表现为规模报酬递增。西方经济学在研究规模经济问题时也多是以全部投入的同比例变化来定义企业的规模变动。自亚当·斯密(Adam Smith)后,绝大部分经济学家都将分工和专业化带来的经济性作为推论的起点,于是萨缪尔森集他人之大成得出:规模经济性很大程度上来自合理的分工和专业化。在解释规模经济时认为生产规模扩大使企业内部的生产分工能够更合理和专业化,这就与规模变动是各生产要素同比例变动的假设相矛盾,因而有人提出:生产要素的同比例变动并不能保证生产结构的不变,在同比例变动各生产要素导致的规模变动的情形下,如果企业生产结构发生了改变,则规模变动会导致报酬变动。至于规模报酬是递增还是递减,取决于生产结构是否得到了优化。也就是说,规模经济直接来源于规模报酬递增,而后者的获得是企业生产结构优化的结果。如果企业的分工和专业化水平保持不变,技术水平不能向前发展,规模报酬递增是不经常出现的。

范围经济被认为是规模经济的另一种来源或形态。一般认为,范围经济是通过同时生产多种产品而对有关生产要素共同使用所获得的成本节约。企业多元化经营的初始动机是为了追求竞争优势,但多元化经营本身却通常导致企业规模的扩张。由这种经营多元化和企业规模扩张所导致的外在经济的内部化所产生的经济性就是范围经济。多元化经营一方面能够通过共用机器、原材料等产生联合成本和共同成本而享有生产成本的节约,也能通过企业规模扩张使多种产品共享采购、制造、销售、管理等各方面的费用,从而降低单位产品的成本,产生范围经济性。

网络经济性是网络型基础产业所具有的一种重要特征,是指某个网络的参与者越多,这个网络的价值就越大,其中的价值增加既包括供给者的成本节约,也包括网络使用者的效用增加。荣朝和把运输业的网络经济定义为,运输网络由于其规模经济与范围经济的共同作用,运输总产出扩大引起平均运输成本不断下降的现象。

运输业的规模经济和范围经济的实现很大程度上依赖于其网络经济性的发挥。随着网络规模的扩大,网络的生产能力和需求都快速增长。网络上运输需求的增加能够对不同方向上的剩余运力资源加以充分利用,提高企业车辆的实载率,在成本增加不大的情况下使企业增加运输产出,从而使企业的短期平均生产成本降低。企业运输产出的增加能够促进企业内部生产结构的优化,从而产生规模报酬递增。生产能力和需求增加的相互激励有助于形成显著的行业规模经济。

另外,当网络的生产能力和网络上的需求增大时,除了对网络剩余资源的利用外,运输企业还可以提供更多品种的互补性运输服务,以利于企业获得范围经济的效益。目前,我国公路运输业企业的规模大多都比较小,甚至存在为数众多的个体运输经营户,公路运输的网络经济性难以实现,企业运输能力不能得到充分的利用。因而,需要运输业务集成商通过商业契约对分散在不同运输企业手中的资源进行集成,实现松散的横向一体化,通过实现公路运输的网络经济来提升其规模经济和范围经济效益。

因汽车运输的发散性和机动性,管理瓶颈会制约汽车运输企业规模的增长。运输厂商必须有能力将运输对象、运输工具、运输路径和相关信息有机组织起来,才能获得规模经济。

第四节 公路运输基础设施及其供给

一、公路运输基础设施

公路运输基础设施主要包括三部分:公路网、公路客货运输场站以及服务于公路运输的各种公共信息服务系统。

任何经济体系的运行都是以物品、信息、资金和劳动力四种要素的合理配置与流动为基础的。也就是说,在任何经济中都存在着物流、信息流、资金流和人口流。这四种要素的流动并不是相互独立进行的,而是互相依存、互为目的的,它们的流动构成了既相互交织又相对独立的网络。四种要素流动的效率是经济体系资源配置能力的基础,而每一种要素的流动都要耗费经济资源,而其中某些要素的流动要借助一定的设施才能顺利完成。

从一个侧面来看,人类社会的发展事实上就是不断构建能够使这四种要素高效率流动的网络的过程。经济学的研究也总是以这些要素的流动和有效配置为主题。亚当·斯密(Adam Smith)强调劳动价值论和社会分工带来的经济效率,大卫·李嘉图强调依照比较优势来安排贸易,这些都是对劳动力要素流动效率的初步认识。新古典主义开始重视信息在经济资源配置中的作用,理性假设表明经济学开始认识到信息在经济活动中的重要作用,完全竞争市场模型中将所有的信息概括为效用和价格,至少表明经济学家已经意识到经济学是无法回避信息资源的配置问题的。随后的边际革命更是在更深入的层次上肯定了信息在经济活动中的作用。

　　经济学首先假设物品是稀缺的。正因为物品是稀缺的，所以才有必要依据一定的规则对物品的生产、交换、分配和消费进行管理。对不同的人，有不同的稀缺性问题，这导致物品的稀缺性在时间和空间上是不均衡的。同样的物品通常在某个时间可能更稀缺一些，例如食品在冬季就更加稀缺；同样的物品在同一时间在某些地区更加稀缺一些，例如煤炭在没有煤炭资源的地方比矿区更加稀缺。经济学家们并不认为我们都面临同等的稀缺问题，这是经济学家研究的主要问题，即资源如何在不同的个人之间、一国的不同地区之间或者在世界范围不同的国家之间进行分配。为了克服稀缺以及稀缺的不均衡性，人们依照市场规则进行交换——基于比较优势的自由贸易能够使人们改善物品稀缺的不均衡性并且生产出更多的物品。为了克服物品在时间和空间上的距离，人们发明了货币、信用和各种运输手段。也就是说，生产和贸易都必须以信息、货币、人员和物品的传递为前提条件。

　　运输网络则是四种要素的流动均不可缺少的基础设施。人们通常将基础设施解释为：为发展生产和保证生活供应创造共同条件而提供公共服务的部门、设施和机构的总体。基础设施是具有层次性的，从国民经济的总体来看，多种运输方式共同构成了社会运输基础设施。就公路运输而言，将载运工具赖以发挥作用的路网、站场和信息网络称为公路运输的基础设施。

二、公路运输基础设施的供给目标

公路运输的基础设施对于国民经济的运转与发展都具有重要意义,它具有独特的经济属性。公路运输基础设施属于社会分摊资本,是经济发展所依赖的基础性投资,其供给通常不能完全借助市场进行。

绝大部分公路运输基础设施都具有公共产品的属性,公路网无疑是公路运输基础设施的主体,而公路是典型的拥挤性公共产品。在许多经济学文献中将公路归为准公共产品。本书并不使用这一术语,而是直接将公路作为拥挤性公共产品,并且认为这一术语能更准确地反映公路的经济属性。公共产品的性质已经在许多文献中有详尽论述,本书不再就大家已经熟悉的内容进行讨论,而是关注以下这些给我们带来困扰的问题。

第一,物品的稀缺性与公共产品的拥挤性。纯公共产品的存在是值得怀疑的。所谓"稀缺",是指物品总是比人们所需要的少。如果某种物品是非稀缺的,那么显然就不需要采取任何措施去把它在社会成员中间进行分配,因此绝大多数的公共产品显然都会出现拥挤状态。

第二,公共产品具有非排他性,但是有些被人们公认是公共产品的物品却是可以实现排他的,有的学者将这类物品称为"价格排他性的公共产品"。例如高速公路的排他性成本并不高,如果人们选择了排他性政策,那么高速公路显然并非一般意义上的公共产品。对于这一问题一直存在着争论,有的经济学家甚至反对使用公共产品这一术语,而主张以"共享性物品"这一术语来代替,因为这一名词在分析结果得出以前,就已隐含了政策结论。萨缪尔森也指出基于集体选择而供给的集体物品和公共产品是不同的[①]。

第三,公路运输基础设施既可以由政府供给,也可以由私人供给;既可以免费,也可以收费。这些都与具体的社会经济发展程度和政府政策的目标取向有关。

公路运输基础设施的供给不同于一般物品,它在具有经济物品属性的同时,还具有社会物品属性,因此其供给目标和手段不能仅仅依据效率标准来确定。本书认为公路运输基础设施的供给应当同时注重效率、社会公平和国家战略三个方面。

基础设施的供给应当以社会福利最大化为基本原则。本书认为这体现在以下两个方面。

第一,建立有效的投资机制保障公路运输基础设施的供给,使公路运输基础设施能够满足社会经济发展的需要。

第二,建立有效的管理机制保障公路运输基础设施的有效运行,保障现有公路运输基础设施能够发挥出良好的经济效益和社会效益。

正如本书不断强调的,运输是满足公众参与社会基本需要的必备条件,因此其具有公益性。这就要求在公路运输基础设施的供给中体现出公平性的一面。这种公平性并非完全均等地分配社会资源,也并非基于"社会成员中没有人羡慕其他人"这一原则,而是基于一种相对公平的

---

①曾传华,林兰刚. 公路大件运输基础[M]. 北京:中国铁道出版社,2014.

观念,即每位社会成员都有参与社会的权利,因此其基本的运输需要应当得到满足。

公平的第二个方面体现在对基础设施成本的分担上。公路运输基础设施的使用者并非均等的受益,因此直接受益者应当承担更多的成本。每位社会成员的货币边际效用并不相等,因此在分摊公路运输基础设施的成本时,由货币边际效益较低的社会成员承担的较多一些,可以被认为是一种帕累托改进——至少社会福利是向更贫穷的人倾斜的。

公路运输基础设施是关系到国家安全的战略型资产,因此其供给在很大程度上并不能够完全以经济效率和社会公平为原则。事实上,这一特征也体现在公路运输管制中。如拥有开放市场的美国,对于外国资本进入其公路运输和内河运输市场有非常严格的条件,这在某种意义上是出于安全方面的考虑。

三、公路运输基础设施的供给方式

对于纯粹的公共产品来说,每个消费者从中得到的边际效用是不同的。如果不考虑外部效应,它的总需求是通过个人需求的垂直相加得到的。这条需求曲线与供给曲线的交点决定公共产品的均衡产量 Q_0,均衡价格就是所有社会成员愿意为 Q_0 单位的公共产品所支付的价格的总和。

消费者的出价与其消费公共产品所获得的边际效用是一致的,因此出价的总和就是边际效用的总和。在这个均衡点上,实现了帕累托最优,社会边际成本等于社会边际收益,公共产品的成本应该由消费者以其从公共产品消费中获得的边际收益相应地承担。而事实上,公共产品一且被提供就决定了所有消费者可以消费的数量,不可能排除那些拒绝付费的人对其的消费,于是出现了"搭便车"问题。在极端情况下,如果社会所有成员都成为免费搭车者,最终结果是任何人无法享受到公共产品带来的效用。"搭便车"行为导致资源成本无法收回,在市场行为下,公共产品的供给会出现严重的短缺,从而导致市场对资源的配置缺乏效率和造成社会福利的损失。"搭便车"行为的存在使得纯公共产品不可能由私人部门来供给,而只能由政府来直接提供。

拥挤性的公共产品在消费上具有某种程度的竞争,达到拥挤点以后其边际成本就不再为零,其边际成本由边际生产成本和边际拥挤成本构成。

公路运输在综合运输体系中发挥着重要作用,这决定了其运输活动具有空间上和时间上的广泛性。运输活动还具有空间上和时间上的特定性,加上运输对象、运输服务水平等的不同,导致运输产品之间存在着明显差异。

对于运输外部性的研究应该以直接交易的双方作为边界,据此可以将运输活动分解为运输设施供给者与运输工具使用者之间的交易,以及运输经营者与旅客或货物托运人之间的交易。这两种交易均会产生外部性,并同时作用于交通系统内外。公路运输基础设施在其容纳能力范围内的边际成本相对很小,而使用者数量达到一定程度后又会引起拥挤,因此属于拥挤性公共产品。尽管对这些设施可以做到技术排他,而是否进行排他则取决于政府政策上的选择。公路运输的公益性包括其正外部性以及由于其内部成本没有得到完全补偿而产生的公益性。公路运输的外部性、公共产品属性和公益性,决定了应该对公路运输设施的供给和公路运输市场实行管制。

运输需求是一种派生性需求,消费者对本源性需求的效用评价以及影响本源性需求的一切因素,都可能对运输需求产生影响。运输需求的价格弹性因时间、空间、收入水平、运输需求的层次和类型的不同而呈现出较大的差异。一般基础运输需求的价格弹性较小,应加强对运价水平的管制,而对那些价格弹性较大的运输需求可以放松价格管制。运输需求之间存在替代性和互补性,因而一种运输需求的运价变动可能会引起其他运输需求向同方向或反方向变动。

公路运输的成本可以区分为固定成本和变动成本。固定成本总是与既定的运力配置相关联。运输企业的短期平均成本在其运输产出达到其运输能力附近时达到最低。从长期看,企业可根据其运输产出来调整其经营规模,从而始终处于较低的平均成本水平。如果企业想要降低单位运输成本,就必须在其运输能力范围内尽可能提高车辆的实载率,这有赖于企业对运输网络的构建以及对网络经济的充分利用。运输业的规模经济和范围经济的实现,在很大程度上都要依赖于其网络经济性的发挥,即通过网络规模的扩大,网络的生产能力和需求快速增长,不但能促进内部生产结构优化,产生规模报酬递增,而且能够提供更多品种的互补性运输服务,有利于企业获得范围经济。

公路运输的基础设施主要包括公路网、公路客货运输场站以及服务于公路运输的各种公共信息服务系统。绝大部分公路运输基础设施都属于拥挤性或价格排他性的公共产品,这决定了它们的供给应当同时注重效率、社会公平和国家战略。"搭便车"问题的存在决定了纯公共产品只能由政府直接提供,而拥挤性和价格排他性的公路运输基础设施一般都可以选择由私人部门自由提供、由政府提供或由私人部门在政府管制下提供。公路运输基础设施由政府供给可以实现社会福利的最大化,但是难以保证公平性;私人部门自由提供尽管能够实现公平性,但存在低效率问题;而在政府管制下由私人部门提供,如果政府的经济管制政策是足够有效的,则可以同时实现资源配置的效率和社会公平性目标。

第三章 信息化时代下公路运输与经济耦合协调发展研究——以山东省为例

第一节 公路运输系统与经济系统耦合协调研究理论基础

一、耦合理论

"耦合"这一概念起源于物理学领域,最初是指数个电路元件或是电路网络的输入和输出紧密的配合且彼此影响,并且能量会通过相互作用从一侧传递到另一侧的一种现象。

1994年,首先被我国学者任继洲和张贵提出,现在多出现在分析多个系统关系的文章中,反映系统间影响程度的强弱,以表示各个子系统的一种良性互动关系。耦合度则是用来衡量要素间或者子系统间彼此依赖和影响程度的度量指标,也称耦合性。其值越大,则认为二者之间的影响程度越大,表明其独立性越差,呈现出更为有序的发展方向;反之,则认为二者之间的彼此依赖程度较低,往往会表现为无序的发展方向。对"耦合"这一概念含义的解读主要有以下5个方面:①整体性。耦合并不是一些完全不相关的几个元素进行交互,耦合的含义要求各种要素按某些规则形成系统来作为参与的主体部分。②联系性。耦合的含义要求所有的要素必须是相互关联形成系统存在的,对于没有要素存在,相对封闭的系统,彼此之间是没有办法耦合研究的。③多样性。耦合的含义要求所有的要素要以彼此关联和信息间可以自由流动为原则,且以此可以形成多个不同的组合方式。④协调性。耦合的含义要求所有的要素能够在彼此之间的作用下,突破原有组合方式,发展成为新的各要素间合作互补的一个良性的系统。⑤动态性。耦合的含义指出每个系统彼此间的相互作用并不是一成不变的,伴随着时间的变化以及各要素的改变,彼此的相互作用也会随之发生改变。

通过对耦合含义的解读,从实际需求着手,本书引入公路运输和经济二者耦合发展这一概念。首先,从公路运输的角度来看,公路运输的发展有效地保证了区域中经济活动的正常进行;同时,在持续发展壮大的公路运输行业在降低商品交易的成本、优化产业的结构和提高不同区域间的合作效率方面具有积极作用。另外,从经济系统发展的角度来看,经济的快速发展提高了人们对于运输的需求和要求,促使运输行业逐渐向着更加规范化和更加专业化的方向发展。

对于耦合理论,尽管当前的应用范围已经相当广泛,然而它在交通运输行业却存在一定程度的局限性。通过对以往文献的研究也可以看出,多个学者即使是应用于交通方面,也往往仅限于不同交通方式之间的耦合关系,极少将交通与经济进行耦合地讨论,而将公路运输和经济进行详细的耦合协调发展分析的文章更是屈指可数。这也使得本书的研究具有一定的现实性和创新性。

二、协调理论

(一)协调内涵

"协调"的含义在各个学科系统中往往有着不同的理解,甚至有时在同一学科系统中,其解释也并不统一。比如经济学对于它的解释就有两种:其中一种解释是"协调",指经济系统最终呈现出来得较为均衡的一个状态,然而另一种解释则是认为经济系统在达到这种均衡状态的过程称之为"协调",即一种侧重的是结果,另一种则认为是过程。另外,在管理学中则往往是强调管理的手段及实现的过程。而系统科学对于它的解释中可以看出,此时的"协调"则被认定为是良性的周期性情况,它的产生旨在实现系统的总体目标,是不同要素间协作的结果。由于本书是从系统的角度出发进行研究,因此将遵循系统科学中的含义进行分析。通过多文献的研读可以看出,在研究经济的发展过程时,"协调发展"认为是"按比例的发展",同时把"协调"纳入到了"科学发展观"中。

(二)协调与协调发展

协调是在多个要素间或是子系统间相互协作和影响所形成的一种良性的循环情况,因此往往将"协调"作为要素或者系统健康发展的保证。也因此可以看出,协调发展理论的提出,并不只是在强调子系统要处于最佳的发展状态,而更重要的是强调子系统彼此之间的协调发展状态。而且可以看出,这个过程并非一成不变,反而是一个持续的动态过程,以期达到全面发展的最终目的。

（三）耦合协调度

耦合协调度是根据不同要素或者子系统之间的彼此作用来衡量其良性耦合程度的指标。它体现的是整个系统的耦合协调发展程度，数值越大，认为研究的整个系统有序发展的趋势越强，反之数值越低，则认为子系统间的影响程度越低，发展的无序性越明显。耦合协调度的含义是衡量数个系统间彼此影响和磨合，直至实现健康的协调发展的指标，可见，这个过程同样是动态的，系统在相互作用下不只是会趋于协调，也有可能会由于彼此之间的相互抵制，致使整个系统发展的进度很慢，甚至会出现停滞和倒退的现象。

三、公路运输与经济发展关系理论

（一）运输化理论

运输化是在工业化的发展进程中产生的非常重要的特征之一，运输化理论的出现，使得交通运输和经济的关系在经济学领域上有了一定的理论基础，并在该理论中第一次更为完整地解释了运输业的发展过程和趋势[①]。

处在运输化的不同阶段中，交通运输和经济之间的关系也有所不同。首先，在"前运输阶段"，此时经济的发展呈现的是封闭发展的状态，人们对商品和出行等需求不高，要求也相对简单容易满足，从而对经济发展和运输的需求较弱，随之带来的影响便是运输业发展速度极其缓慢，短期内停滞不前。随着这种封闭状态被打破，交通运

---

①贾亚梅. 公路运输系统与经济系统耦合协调研究[D]. 西安:长安大学,2016.

输使得区域内外的联系日益频繁,经济迅速增长,经济的快速发展带动了交通基础设施的建设和完善,进入"运输化阶段",运输化的持续推进为产业的联系提供了保障,开始带动经济的提高;随着经济与运输业的快速发展,当经济和运输之间逐渐实现了信息的对等发展,便进入"后运输化阶段"。

(二)脉冲式发展理论

在《交通运输发展理论》一书中详细介绍了脉冲式发展理论。该理论认为运输业的成长有两个过程:渐变期和剧变期。不同时期运输与经济的关系有所不同。

交通运输业在"渐变期"时,经济的发展超过运输业的发展,因此这一阶段交通运输业的发展相对被动,无法推动经济的增长,只能依靠原有的技术和方式来满足越来越高的经济需求。

交通运输业在"剧变期"时,此时属于交通运输业的发展超前于经济水平的发展,处于主动阶段的交通运输业对经济水平的提高会有一定的推动作用,随着运输发展速度的提升,也促使其自身技术的革新和新结构的产生。

(三)相互作用理论

相互作用理论认为,运输业和区域经济的发展是彼此之间不断促进、不断影响的。从运输业的角度看来,与运输有关的活动能够实现区域间资源配置的优化,促进不同区域之间的经济交流,推动经济的发展,加快生产方式的优化进程。从经济发展的角度看来,由于商品经济的快速发展而产生的运输会随着经济的发展不断提升,由此认为经济是运输业发展的动力之源。

第二节 公路运输系统与经济系统
耦合协调度模型构建

一、评价指标体系构建

评价的本质就是根据一些规定和方法运用多个指标对需要评判的对象进行优劣评估,通过其合理的判断建立起更为广泛、系统且客观的评价体系,为后续的深入研究打好基础。因此,为使结果更加科学严谨,本书在构建公路运输系统和经济系统评价指标体系时,需遵循以下几条指标选取原则。

(一)目的性原则

对于评价体系的构建目的要明确,本书的终极目的是对公路运输和经济系统的耦合协调关系进行研究,因此建立子系统评价指标体系时,各个指标的选取须严格围绕这个研究目的进行。

(二)科学性和可操作性原则

所选指标的数据应在统计年报等权威性统计资料中直接或间接获得,能够真实反映区域内公路运输和经济发展的状况,同时指标的选取和评价指标体系的建立必须要注意时效性,保障指标的科学性;可操作性包括数据的可获得性,选取的指标要便于进行量化,各指标之间具有统一的统计口径,同时数据应便于收集及获取。

(三)系统性与层次性原则

在指标体系构建过程中,选取指标要尽量全面地反映交通运输与区域经济的系统性,同时指标层级结构应较为清晰,数量不宜过多,要尽可能全面地选取可以代表两个子系统多方面水平的指标,在此基础上的耦合协调度研究才更加具有可信度。

(四)简洁性原则

体系中的指标不宜太少或过多而影响到评价结果的真实性和可靠性。同时,较为复杂的指标会出现计算困难及失误等问题,降低研究的科学性,因此在明确研究对象本质的前提下选取指标应尽量简洁。

(五)动态性原则

公路运输和经济的发展具有地域性、阶段性及历史性等特点,因此公路运输系统的评价指标在选取时,应该能够客观地衡量它在不同阶段和区域的成效,且在时间维度上具有相对性。

二、公路运输系统发展水平指标

基于评价指标选取的基本原则,国内外学者纷纷从不同的角度利用多种方法,包括层次分析法、模糊综合评价法、专家评分法以及数据包络分析法等,对公路运输评价指标体系的构建进行了探究,并建立了相应的评价指标体系。

本书借鉴已有文献进行频度统计,同时运用指标体系的选取原则对指标进行筛选取舍,最终将公路运输系统的评价指标划分成两个不同的层次,设置有一级指标(领域层);发展规模指标和发展水平指标。在两个一级指标下设置了8个二级指标来反映公路运输系统的发展状况。其中将公路里程、客运量、货运量、旅客周转量和货物周转量作为公路运输发展规模的指标层;私人汽车拥有量、公路营运汽车拥有量和等级公路比重作为公路运输发展水平的指标层,具体评价指标体系见表3-1。

表3-1 公路运输发展状况指标体系表

系统层	领域层	指标层
公路运输系统RT(A)	发展规模AA 发展水平AB	公路里程(万千米)AA1 客运量(万人)AA2 货运量(万吨)AA3 旅客周转量(亿人万里)AA4 货物周转量(亿吨千米)AA5 私人汽车拥有量(万辆)AB1 公路营运汽车拥有量(万辆)AB2 等级公路比重(%)AB3

公路里程是用来衡量公路建设规模的常用指标;选取客运量和货运量作为描述客运活动、货运活动的重要统计指标;选取公路运输的旅客周转量和货物周转量,主要是核查公路运输业的综合性产量,同时反映出区域内公路运输的运量规模;私人汽车拥有量即私家车的数量,可以反映出该区域内的现代化交通发展水平;选用公路营运车辆拥有量来描述从事公路运输的营业性客车和货车的数量;而等级公路比重则可以一定程度上反映出公路运输的结构性发展水平[1]。

三、经济系统发展水平指标

本书在选取评价经济系统发展水平的指标时,借鉴了经济发展所包含的三层含义:经济量增长,经济结构优化和经济质量的提高。分别从三个方面对区域内经济的发

---

[1]吴红丽. 公路运输与经济耦合协调发展研究[D]. 西安:长安大学,2020.

展水平进行反映,即经济规模、经济结构和经济效益,并在3个一级指标下设置了9个二级指标来衡量区域内经济系统的发展状况。评价指标体系的构建内容包括:①经济规模。地区生产总值、固定资产投资、消费品零售总额。②经济结构。第三产业占GDP比重。③经济效益。

四、耦合协调度模型

为了更深入地反映公路运输和经济的协调发展状况和趋势,本书在前文基础上构建了公路运输与经济的耦合协调度模型,并将其作为判断两个子系统协调发展状况的依据。本书所构建的公路运输与经济耦合协调度计算模型如下。

借鉴物理学中的系统耦合模型,同时参考了与耦合模型相关的研究成果,定义了公路运输系统与经济系统间耦合度模型如式3-1所示。

$$C = \{ \frac{A(x) \cdot B(y)}{A(x) + B(y)^2} \}^{\frac{1}{2}} \qquad (3-1)$$

式中,$C(0,1)$为两个子系统的耦合度,C的值越大代表公路运输与经济之间的关系越良好,耦合度较高,当耦合度值为0时,则认为研究区域内的公路运输和经济两系统处于无关状态,并向无序发展;当耦合度值为1时,说明二者处于完全良性共振状态。

公路运输与经济协调度的计算如式3-2所示。

$$T = aA(x) + bB(y) \qquad (3-2)$$

协调度的值反映了区域内公路运输与经济的协同效应;其中,a、b为待定的系数,考虑到区域内经济的发展受到许多个因素的综合影响,并非由公路运输系统唯一作用,所以选取系数 $a=0.6$, $b=0.4$。

公路运输与经济耦合协调度计算如式3-3所示。

$$D = \sqrt{C \times T} \qquad (3-3)$$

式中, $D(0 \leqslant D \leqslant 1)$ 为耦合协调度,是最终用来衡量系统之间协调状态的指标。D 的值比较大时,认为该区域内公路运输和经济的总体发展水平较高,两者的关系较和谐。

第三节　山东省公路运输系统与经济系统耦合协调分析

一、山东省公路运输系统与经济系统发展现状

为了更好地研究山东省交通运输与其区域经济发展的耦合协调关系,本节对山东省2009—2018年公路运输与经济的发展现状进行总结分析。

(一)公路运输系统发展现状

2009—2018年是山东省公路运输行业迅速发展的时期,过程中公路交通基础设施建设扎实推进,运输服务能力不断提升,现代化的公路运输体系逐渐形成。

截至2018年末全国四级及以上等级公路里程已经突破了446.59万千米,占公路总里程达92.1%,二级及以上等级公路里程64.78万千米,占公路总里程13.4%,公路密度为每百平方千米50.48千米。随着交通基础设施的投资完善,2018年山东省公路总里程突破27.56万千米,居全国第2位,是1949年的87.4倍,其中四级及以上等级公路里程达

27.49万千米,占全省公路总里程的99.7%,二级及以上等级公路里程4.35万千米,占公路总里程的15.78%,全省公路密度达到每百平方千米175.9千米,居全国第3位,各项占比均高于全国平均水平。

公路运输系统运输量的衡量指标主要有客运量和货运量,旅客周转量和货运周转量4个指标。由于调查口径有所不同,调查年度较上一年度出现较大变化,所以运用同增长率的方法,以2013年专项调查口径为依据修正了历年公路运输量。从公路客运量和旅客周转量来分析,研究期间的变化趋势大致相同,基本历程均为先上升后下降,2018年与2009年两个时间节点上客运量和旅客周转量差值不大;从货运量和货运周转量来看,较客运有了显著的提升,其中2018年的货运量达312 807万吨,2018年的货运周转量达6859.68亿吨千米。

随着山东省交通基础设施建设的有序推进及运输服务能力的提升,全省的私人汽车拥有量和公路营运汽车拥有量显著增加,其中,全省私人汽车拥有量已高达1910.26万辆。

(二)经济系统发展现状

山东省地处黄河下游的东部沿海地区,占据良好的经济区位优势,属暖风带季风性气候,面积达15.79万平方千米。在地理位置上与韩国、日本等国相望,内陆又与多省市相邻。山东省境内有大面积的河流湖泊,其淡水资源、土地、林业和矿产资源丰富。作为人口大省,巨大的人口基数为省内经济的发展提供了充足的劳动力保障。改革开放以来,山东省经济一直保持持续健康发展,产业结构和布局不断完善,经济效益不断提升,GDP、人均生产总值位居全国前列。

1.山东省经济总量分析

区域内的经济总量一般包括区域GDP、社会固定资产投资、消费品零售总额等指标的综合,它代表着区域经济的规模和发展程度。从总体来看,山东经济发展情况良好,地区生产总值和消费品零售总额等呈现逐年递增的趋势。

2.山东省产业结构情况

产业结构在经济发展中有着举足轻重的地位,三种产业必须不断地优化发展才能促进经济的整体发展,多项研究结果表明,产业结构会伴随经济的发展进行不断地变化,因此在经济发展的不同阶段三种产业的结构也有所不同。在山东省全省的国民生产总值中,第一产业占比为6.4738%,第二产业占比为43.9935%,第三产业占比为49.5326%,分别达到 4950.52 亿元、33 641.72 亿元、37 877.43 亿元。

二、耦合协调演化影响因素分析

公路运输与经济系统在各自的演化过程中,不同的评价指标对其演化的作用强度有所差异,为进一步探究各评价指标对两系统耦合协调度的作用强度,本书主要采用灰色关联度分别测算公路运输系统与经济系统各指标对两系统耦合协调度的贡献程度。

将山东省公路运输系统与经济系统的耦合协调度数值设为母序列(参考值),分别将公路运输系统和经济系统各评价指标作为特征序列(评价项),运用在线SPSS分析软件（SPSSAU），将各个变量值代入，根据关联度大小进行排序。

　　将公路运输各评价要素与两系统耦合协调度的关联度进行排序，关联度从大到小依次为：等级公路比重、公路营运汽车拥有量、公路里程、私人汽车拥有量、货物周转量、货运量、旅客周转量、客运量。其中，等级公路比重对山东省公路运输系统与经济系统耦合协调发展的贡献率最大，关联度高达 0.844，接近极强关联，其次为公路营运汽车拥有量，关联度为 0.792；第三为公路里程，关联度为0.772。说明，就短期发展而言，可以通过加大公路投资力度、提高公路建设水平；增加营运汽车数量，规范经营行为等促进公路运输系统与经济系统耦合协调优化发展。

　　将经济系统各评价要素与两系统耦合协调度的关联度进行排序，关联度从大到小依次为：人均生产总值、第三产业占 GDP 比重、地区生产总值、固定资产投资、消费品零售总额、居民人均可支配收入、居民消费水平、居民消费价格指数、GDP 增长率。其中，人均生产总值对山东省公路运输与经济耦合协调发展的贡献率最大，关联度高达约 0.803；其次为第三产业占 GDP 比重，关联度约为 0.793，第三为地区生产总值，关联度为 0.792。说明，就短期发展而言，提升区域内的经济活跃程度和经济的可持续发展能力，提高经济效益，促进地区生产总值、人均生产总值、居民人均可支配收入的快速增长，提高第三产业占 GDP 比重等有利于快速促进山东省公路运输系统与经济系统耦合协调水平[①]。

三、发展对策及建议

通过山东省公路运输与经济系统耦合协调发展的主要影响因素分析的结果来看,对公路运输各评价要素与两系统耦合协调度的关联度进行排序,公路运输系统中等级公路比重与耦合协调度之间呈现出高水平的关联关系(0.844),处于较强关联,其次为公路营运汽车拥有量,关联度为0.792,第三为关联度为0.772的公路里程;将经济系统各评价要素与两系统耦合协调度的关联度进行排序,人均生产总值对山东省公路运输与经济耦合协调发展的贡献率最大,关联度高达0.803,处于较强关联,其次为第三产业占GDP比重,关联度约为0.793,再次为关联度为0.792的地区生产总值。基于以上分析,本章将分别从公路运输评价指标层面和经济评价指标层面提出提高公路运输与经济耦合协调发展的政策性对策和建议。

(一)调整产业结构,加快推进供给侧结构性改革

通过灰色关联度分析可以看出,第三产业占GDP的比重在促进公路运输与经济耦合协调发展中发挥着非常重要的作用。当前,我国经济的增长速度呈现出放缓趋势,进行产业结构的调整所带来的积极影响正在不断显现。在此大环境下,政府必须采取更加科学和有效的宏观调控方式,对产业结构进行调整,以加快供给侧结构改革进程。有关产业结构改革的具体建议如下。

---

① 李晓洁. 区域交通运输与经济发展的关系研究[D]. 青岛:山东科技大学,2015.

第一,逐步由原本平推的工业化形式向立体的工业化形式转变,推进产业结构的相对均衡发展。随着不同领域、不同部门逐步开始追逐更为精致和高端的发展目标,随之带来了产业之间开始出现差异化竞争现象,作为产业结构改革的重要推力,创新技术的快速发展逐步取代了原本扩大规模改革产业结构的方式。为此,有必要逐步改善政府产业政策的适用条件,努力为不同产业的技术创新创造良好的竞争环境。

第二,政府要逐步从给予优惠向促进产业间公平竞争转变,减免可能会引起不正当竞争的政府补贴,加大力度规范不同地区之间的竞争行为,创造新的结构调整秩序。充分发挥市场、经济和法治的优势及力度,及时解决国内产业失衡带来的产能过剩等问题。

第三,加大对战略性新兴产业的开发力度,加快制度建设的完善,积极培育新兴市场。鉴于新兴市场的诸多不确定性以及潜在的高风险性,政府在初期要采取更为强有力的补贴措施,关注和借鉴发达国家的相关经验,要科学地掌握其发展趋势,把握其未来的发展方向。

(二)加强公路体系建设,全面提升公路服务品质

作为人口与经济大省,山东省地理位置优越,水运航空也十分发达,公路体系的建设必须能够合理地链接整个运输网络,发挥公路运输的优势,借助公路运输的灵活性,促进半岛蓝色经济产业区,黄河三角洲经济发展集群健康协调发展。另外公路运输属于服务范畴,对于路网的建设不只是路与路简单的连接,更是服务的对接,是由点及线再到面的整合,因此在加大公路体系建设的同时,要注重全面提升公路的服务品质,建设更为智能化和信息化的公路网络。

1.完善农村公路交通,提高城乡一体化水平

多年来,山东省一直以"公路通车里程长、路面等级高"闻名全国,已经形成了以高速公路、国道、省道为主干线,县道、乡道为支线的公路运输网框架。从《山东省综合交通网中长期发展规划(2014—2030 年)》中的内容来看,计划在 2020 年,山东省"三横三纵"的综合运输通道实现基本完善,到 2030 年,实现"三横四纵"综合运输通道的全面建成。因此,在现有规划的基础之上,应加大对交通条件较差地区的资源投入,以缩小不同地区之间的差距。

近几年,山东省在农村公路建设方面的成效显著,"四好农村路"建设已被纳入全省经济发展综合考核指标,全面推进村村通客车和城乡公交一体化等。截至 2018 年底,全省具备条件的建制村已全部实现通客车,县级农村物流节点覆盖率达到 90%,并于 2018 年顺利启动实施了"四好农村路"三年集中攻坚专项行动。因此,从提高等级公路比重和公路里程角度考虑提升公路运输与经济系统耦合协调度时,应继续加大力度完善农村公路建设机制,增加农村公路的线路,提高农村公路的可达性,提升农村公路的技术等级,提高与主干线的连接程度,大力普及和发展特色城乡公交系统,缩小城乡差距,促进城乡公路一体化建设,从而加快经济发展。

2.提升公路安全水平

提升普通国省道和高速公路的预防性养护比重和通行能力,各部门要抓好公路运输行业的安全生产工作,实

现公路安全的动态管理,及时排查安全隐患,加大整改力度,定期组织安全专项演练,对"两客一危"车辆要保证实时动态监控;加大公路安全设施投入,提升省内四类、五类桥梁的改造率和处置率;政府部门应积极推动建立定期检查制度,及时通报发现的问题,并督促整改。

3.增强公路治理能力

全面加强公路交通整顿,规范车辆出行秩序;加强执法队伍建设,规范执法程序,视实际情况设置路政案件的最低结案率;规范公路超限治理,控制高速公路、普通国省道的车辆超限数量;加大应急管理平台投入,完善公路监管手段,规范公路应急处置方式,加快公路网监测体系建设,构建更加迅速和有序的公路网应急处理体系。

(三)推动公路客运转型升级,提高公路营运载客汽车数量占比

客运量和旅客周转量的发展趋势大大促进了区域内经济的发展,然而,随着私家车的普及,民航的发展,以及高铁和城际铁路的建设,公路客运在长途运输市场中所占份额日益降低,面对新的压力与挑战,必须加快公路客运的转型升级,以更好地满足社会经济的发展和人们出行的需要。

推动客运建设与互联网技术的深入融合,充分发挥网络在信息资源和数据采集等方面的优势,创新公路客运的服务模式,对于交通资源和市场的需求要及时匹配,积极建立和完善具有多渠道、多模式、互动性、体验性的个性化出行服务系统。

加快客运运力结构调整。大力鼓励发展高效率、低能耗、安全舒适的客运车辆,增加城乡客运中高端客车的比例,加速老式客车的淘汰进度。支持根据不同地区的需求,在当地条件允许的情况下开发多样化的客运车型。

推进公路客运经营方式不断创新。突出公路客运与铁路和民航的差异性,积极培育中短途道路客运市场。此外,公路客运班车可视自身发展情况承接多种特色客运业务,如商务快客和旅游专线等,建立有利于竞争力不断提高的经营管理机制。

(四)完善公路货运结构,促进公路货运可持续发展

通过对比货运量和客运量对耦合协调度的灰色关联度可以看出,货运量这个指标对公路运输与经济耦合协调发展的影响比客运量大。因此,在未来的发展中需着重考虑公路运输货运量的提升,有针对性地提出促进公路货物运输可持续发展的措施。

1.加快交通基础设施建设的步伐

加强和扩大省内地区的公路运输网络的密度,增强山东省内部区域之间的联系,促进不同区域间的经济发展和优势互补;同时也要加强与省外公路的联系,为山东省的发展提供新的发展前景和更多的发展信息。因此,为满足经济快速增长的需要,将要求继续增加对公路基础设施的建设投资,构建功能完善、高效舒适的现代化的综合交通网络。

在建设新的公路网时,要充分利用原有资源,尤其是对于原有的低等级公路,可以视情况进行改造与延伸;另外在条件允许的情况下,加快公路网络的完善,扩大公路网络的覆盖面,充分发挥公路在连接多种运输方式方面的重要作用。

2.加快建设快速公路货运专线

随着经济水平的提高,人们对于货运反应和送达的要求越来越高,山东省作为农产品出口大省,为了适应这种需求,必须设置完善的快速货运专线。当前山东省在铁路货运和航空货运的建设和发展上成效显著,但在公路货运上却存在自身规模小、服务方式单一、专业人才匮乏等问题。因此,应根据产品的不同设置专门的运输工具,根据目的地用户的需求,提供个性化服务,充分发挥公路运输的优势;可以以山东省历年来与其他各地交流的样板数据,建立多条专用的公路货运通道,加快实现货运一网通服务。

3.建立专业的第三方物流

建立专业的第三方物流,降低货物流通成本,提高运输效率的同时也可以大幅度降低企业的风险,有效避免了公路货运过程中由于信息不畅、管理水平不科学等带来的损失,同时,可以增加一部分就业的机会。因此,在山东省建立专业的第三方物流将会出现一个三赢的局面。

第四章 信息化时代下公路运输与经济社会协调发展的评价体系研究

第一节 国外公路运输与社会协调发展的历程和经验

一、世界交通运输发展综述

(一)世界交通运输发展阶段

从世界范围内交通运输业的发展侧重点以及与之相关的起主导作用运输方式的角度考察,交通运输业的发展历经了五个阶段:①水运阶段(从原始社会到19世纪20年代)。②铁路运输阶段(从19世纪30年代到20世纪30年代)。③公路、航空和管道运输阶段(从20世纪30年代到50年代)。④综合运输阶段(20世纪50年代以来)。⑤可持续运输发展阶段(20世纪90年代中期以来)。

纵观世界交通运输的各个发展阶段,可以看出,以一种或几种运输工具的出现为标志,交通运输发展的每个阶段都给经济社会的发展带来了深刻的影响。运输发展的历程就是各种运输方式不断完善,并使得运输体系本身与经济、社会等外部环境以及运输系统内部诸要素之间逐步趋于协调的过程。

（二）世界交通运输发展现状与协调发展方向

1.发达国家

经历20世纪的快速发展,发达国家交通运输基础设施建设已经基本完成,其交通发展逐步满足经济、社会发展和环境保护的要求,形成了一个周密规划、科学设计、整体建设、综合管理的完备体系。目前,发达国家在总结自身运输发展经验与教训的基础上,除了适当保持关注运输通道外,已将相当的精力转移到提高运输基础设施的使用功能,交通的安全性、舒适性、应时性以及改善交通对环境、人文景观、能源等方面的影响,交通运输系统进入以进一步提高运输服务质量、运营管理水平和促进经济社会进步的协调发展阶段。

发达国家的运输协调发展趋向于,在满足经济社会发展对交通运输服务需求的基础上,充分发挥交通运输正面作用、尽量减少其负面作用、减少社会财富消耗并增加国民福利。在协调运输与经济发展关系的同时,发达国家致力于运输发展负面效应的最小化,具体体现在:①交通运输资源的创造和使用过程减少资源消耗。②提高运输的安全性。③注重运输与环境的关系。④提高交通运输资源建设的综合规划和管理水平。

2.发展中国家

发展中国家的交通运输体系正处于快速发展阶段,运输通道建设是其首要任务。特别是对于中国这样一个处于经济快速发展时期的大国而言,首先要消除经济发展中的运输瓶颈,提高运输效率,通过技术创新降低单位能耗;其次是在发展中降低交通运输的环境成本,如进行运输方式的合理组合、改善交通运输的耗能结构、降低土地等资源占用量、处理好公共交通和私人车辆分摊等。对于交通运输的规划与管理,既要重视不同运输方式的发展,更要关注运输方式之间的协调;既要重视交通运输对国民经济的正面作用,也要研究负面影响;既要研究已经暴露出来的问题,也要通过理论分析和实践经验寻找潜在的问题;既要重视理论研究,更要坚持理论联系实际。

显然,对于发展中国家而言,结合其社会经济的发展状况,从交通运输体系建设与发展的协调性出发,分析并借鉴国外典型国家交通运输发展的基本经验与教训,利用后发优势,缩短运输系统协调发展的历程,具有重要意义。

二、公路运输与经济社会的协调发展分析

(一)公路运输与 GDP 的关系分析

运输与经济社会发展密切相关。对人、物以及服务的可达性,始终是各国经济社会发展的重要组成部分。同时,运输也是各国政府部门实现经济调控的重要手段之一。事实上,运输本身就是一种重要的经济活动:目前,各国运输基础设施以及机动设备的生产、维修和使用产值,一般占 GDP 的4%～8%,运输活动使用劳动力数量一般占总量的2%～4%。综观经济与运输发展的历史,运输的发展与 GDP 的增长有着密切的关系:经济增长始终是伴随着大体一致的货运和客运量的增长而增长的,特别是以伴随公路运输的持续增长为特征。20世纪60年代至90年代,

在许多国家,运输的增长,特别是公路运输的增长,一度超过了GDP的增长速度。

交通运输的发展状态取决于经济社会发展对运输的需求,以及运输体系本身满足社会经济发展运输需求的能力。经分析,美国、日本、英国、德国在1970年至2001年间的旅客周转量、货物周转量与GDP的变化趋势以及上述国家货物周转量/GDP、旅客周转量/GDP的变化情况,可以得出以下结论。

第一,各国GDP与客货周转量的增长均呈正相关关系,随着GDP的增长,客货周转量也随之增长。

第二,旅客周转量增长与GDP增长的趋势极其相似,其增长速度及发展趋势与GDP的增长非常相近。除英国(20世纪70年代末到80年代初期间)外,各国货物周转量增长速度均低于GDP增长速度。伴随着经济发展,各国旅客周转量的增长速度均高于货物周转量增长速度[1]。

第三,伴随着经济发展,各国单位GDP的客、货周转量(周转量/GDP)均呈下降趋势,各国单位GDP的旅客周转量(旅客周转量/GDP)的下降速度均小于单位GDP的货物周转量(货物周转量/GDP)下降速度。

第四,伴随经济发展,各国单位GDP的旅客周转量趋于平稳,单位GDP的货物周转量呈缓慢的平稳下降趋势。趋于稳定后,各国旅客运输使用度均大于货物运输使用度。

导致上述变化的原因主要是经济环境的变化。随着经济的发展,产业结构发生了重要变化,与第三产业相比,

①杨磊.我国区域公路运输与社会经济协调发展的分析[J].中国经贸,2016(15):51.

发达国家的第二产业产出占GDP的比重不断减少,对运输相对不敏感的第三产业在国民经济中的地位不断提高,导致各国客货运输增长速度趋于放缓,特别是货运的运输使用度降低。同时由于个性化需求的增加和居民消费结构的变化使得客运增速相对较高。产业结构变化也引发了运输结构的变革,伴随着第三产业的兴起,适宜用铁路和水运运输的大宗散装货物数量在整个经济生活中不断减少,而适合于公路运输的应时性、高附加值货物运输需求不断增加。

(二)GDP与运输市场份额关系分析

根据国家发展规划,我国2000年至2020年,人均GDP将从900美元达到3000美元,据此,我们以人均GDP达到900~3000美元作参照,研究分析世界上的主要国家在此期间的运输发展状况。世界上的主要国家达到这一指标的期间为:美国1941—1962年;日本1965—1973年;英国1953—1973年;德国1955—1970年。因对上述国家这一发展阶段的研究,得出以下初步结论。

第一,运输的发展或者说适度超前发展,是拉动经济增长的有效前提之一。伴随着经济发展,第一、二产业占较高比例时,全社会的客运和货运增长率均较高,其中,日本的货运增长速度尤为突出。

第二,公路和铁路是该时期最为重要的运输基础设施,占据了客货运输市场的绝大部分。随着经济的发展,铁路市场份额下降,公路市场份额上升。

第三,比较而言,就公路和铁路在各国的表现看,铁路在货运方面的表现优于客运,而公路占据了绝大部分的客运市场份额。事实上,每种运输方式在成本、速度、可靠性、灵活性、安全性方面都有各自的比较优势,货主一般会根据其具体的运输需求,选择使用具有比较优势的运输方式,而美国等国家各运输方式之间的有效协调也正是这种比较优势的综合体现。

(三)公路运输与经济发展关系评价

经考察上述各发达国家经济发展进程中运输发展的轨迹,运输与经济发展的有效协调表现为以下几个方面。

第一,运输与经济发展之间是一种互动的关系,两者互相影响,相互促进。随着生产力的发展,社会分工越来越细,细致的分工要求有发达、高效、可靠、低成本的运输体系与之配合,将经济活动中的各个部分有机地联系起来,构成运转协调的整体。在不同的时代,由于运输技术的不同,社会分工的程度、资源利用的广度也不同,造成生产力水平的巨大差异:在同一时代,运输体系发展水平不一的国家之间的经济发达程度差异显著,运输发展水平与社会经济发展水平之间呈现显著的正相关关系。随着新技术在运输业中的应用以及新运输方式的出现,运输服务更加物美价廉,促使社会分工的深度、资源利用的地理广度发生变化,进而导致生产力布局的调整,并迎来一段经济持续增长的时期。

第二,运输对经济发展具有强劲的推动作用。作为一个产业部门,运输业的增加值是社会GDP的组成部分,运输业的发展直接推动了经济的增长;运输的发展以对运输基础设施和运输工具的大量投资为基础,运输业的基础设施建设和运输工具制造对经济增长有拉动作用:运输业的发展,增加了社会资源开发利用的广度和深度,使各地之间的联系更加密切,推进了资源的优化配置,扩大了市场,促进了全社会生产效率的提高;运输业及运输相关行业为社会提供了大量就业机会;运输业的发展方便了人员流动,促进了国民整体素质的提高;运输技术的进步降低了运输成本,通过降低运输消耗,节约了社会资源,增强了经济发展的可持续性。

第三,尽管交通运输在社会经济发展中的重要性获得了广泛的共识,但在社会经济发展中,由于各自的技术经济特征不同,五种运输方式各自的实际地位和作用是有差异的。在实际中,获得了最多关注的是与人们的日常生活关系最为紧密、普及程度最高的公路和铁路。公路发展迅速而且与人们的日常生活密切相关,它不但是目前各国拉动经济增长的重要力量(公路的修建、汽车的制造、使用与维护等在我国经济中的比重越来越大),也是经济发展后人们享受生活的重要保证。

第二节　协调的基本概念及评价指标体系

研究系统的协调机理和评价指标体系的最终目的在于对系统进行调控,使其能够协调发展。

一、协调的基本概念

(一)协调的概念和内涵

协调既是一种状态,也是一个过程。作为一种状态,协调是指被协调者各要素之间的融洽关系,从而表现出最佳整体效应;作为一个过程,协调表现为一种控制与管理职能,是围绕被协调者发展目标对其整体中各种活动的相互关系加以调节,使这些活动减少矛盾,共同发展,促进被协调者目标的实现。本书所研究的协调是指系统之间或系统组成要素之间在发展演化过程中彼此的和谐一致,可称为系统协调。系统协调的基本思想是,通过某种方法来组织和调控所研究的系统,寻求解决矛盾或冲突的方案,使系统从无序转换到有序,达到协同的状态。系统协调的目的就是减少系统的负效应,提高系统的整体输出功能和整体效应。协调具有以下特点。

第一,协调是指系统内部组成要素之间的一种关系和状态。它的功能的强弱与各组成部分之间的结合状况有很大关系,只有相互协调、相互适应,系统才能顺利地进化和发展。

第二,协调是指系统之间相互作用、相互配合的状况,而不是各自的发展状况,子系统的最优并不意味着系统整体的最优组合,也不能说明系统是协调的。

(二)协调度、协调作用与协调机制

系统之间或系统组成要素之间在发展演化过程中彼此和谐一致的程度称为协调度。为实现系统之间或系统组成要素之间的和谐一致而采取的若干调节控制称为协调作用。所有可能的调节控制活动及其所遵循的相应的程序与规则称为协调机制。

协调作用和协调度决定了系统由无序走向有序的趋势与程度,协调机制则反映了协调作用的选择与作用规

律。协调度、协调作用与协调机制构成了系统的协调。

(三)协调发展

协调是系统之间或系统组成要素之间在发展演化过程中彼此的和谐一致。发展是指系统或系统组成要素本身从小到大、从简单到复杂、从低级到高级、从无序到有序的变化过程。由此可知协调是系统之间的一种良好的关联,而发展是系统本身的一种演化过程。所以"协调发展"只能是"协调"与"发展"概念的交集,是系统或系统内要素之间在和谐一致、配合得当、良性循环的基础上由低级到高级,由简单到复杂,由无序到有序的总体演化过程。协调发展是一种强调整体性、综合性和内在性的发展聚合,它不是单个系统或要素的"增长",而是多系统或要素在协调这一有益的约束和规定之下的综合发展。协调发展追求的是一种齐头并进、整体提高、全局优化、共同发展的美好前景。

二、公路运输系统建立评价指标体系的原则

衡量和评价公路运输与经济社会协调发展需要有一定的标准。因协调发展本身具有时间的相对性和内容的多样性,对其定义和标准也不是统一和明确的。在确定交通运输系统协调发展的标准时必然会涉及两个方面的问题:一是规范问题,即从什么角度和采用什么指标来判断系统是否协调发展。二是时间问题,一般说来,协调发展过程是一个动态化过程,并且具有相对性。因时间的差异,根据时间选择的标准,尤其是量化标准就有很大差别,不同时期协调发展的内涵也不同。

公路交通运输是一个内部结构复杂、外部关联性强、涉及范围广泛、随机因素繁多、非线性的社会经济系统,在定性和定量两个方面很难达成一个公认的标准。尽管系统在其发展过程中受内部和外部因素的作用,会出现局部或时段性超常规现象,但在其长期发展过程中和总体上仍具有一定的普遍规律。从国外发达国家公路交通运输的发展历程、与经济社会发展在不同历史时期的相互关系,及特征、发展趋势等方面的分析,本研究对公路运输系统协调发展采用多角度、多透视点的方法,通过排除易变、振荡、离散和无法把握的因素外,建立一组具有层次性、可比性的具体指标作为评价标准,从基础设施、运输服务、可持续性、经济性、能力协调性、通达性、现代化程度、资源消耗、环境保护、结构性、管理和信息化水平等方面,对交通运输系统与经济社会的协调程度,在数量和质量方面进行评价。公路交通运输与经济社会系统协调发展评价是一个多层次、多指标的动态过程,评价指标的选取和体系的建立应遵循以下原则。

(一)一致性原则

选取的评价指标与评价目标一致。评价的目标是公路运输与经济社会发展的"协调性"及协调的程度如何,所有的指标选取首先应反映出公路交通与经济社会发展间的互动关系,指标的量化程度应反映公路交通与经济社会发展的协调程度。

(二)适用性原则

关于经济系统评价指标,无论从理论上还是实践上,经过多年的研究探讨,社会经济方面的指标已经积累不少,建立和形成了一系列不同类型的评价指标体系,但对交通运输系统协调发展的综合评价涉及较少。因而,构造交通运输系统协调发展评价指标体系,尽可能借鉴现有较为成熟的各个社会经济指标和交通运输系统经济技术指标,既要适用于中国国情,又要借鉴发达国家的发展经验,符合国际化的一般趋势。

(三)系统、全面性

选取的评价指标要系统、全面,所有的指标选取综合在一起,应能够全面、完整地展现公路交通与经济社会发展的"协调性"信息。包括从基础设施的量(总量、结构、规模,还包括公路交通的可持续性运输)的协调、运输服务(能力、质量、效率、成本、价格、服务范围等)的协调、管理水平和信息化水平(包括政府行政管理、行业的组织优化、信息化服务等)的协调。

(四)层次性原则

不同指标在协调性评价体系中应有不同的层次,直接反映或同公路运输与经济社会发展协调性评价相关性较强的指标,其在评价指标体系中的层次较高;反之,间接或相关性较弱的指标,其层次性就较低。

(五)非相关性或低关联性原则

选取的评价指标之间要具有非相关性或低关联性。

(六)动态调整性原则

选取的评价指标要具有动态调整性,即强调相对指标优先。

（七）客观化处理原则

建立具有评价意义的指标体系通常会涉及如何处理评价参数的取值和值域范围问题。应尽可能规避主观性判断，而把指标按照客观化原则加以处理或模拟，使协调发展指标的数值和评价结果成为可观察和可重复检验[①]。

三、公路运输系统评价指标的筛选

按照上述指标选取原则，经分析，对于交通运输系统与经济社会的协调性评价，从以下四个方面进行分析：一是能力协调性，主要通过一系列指标反映公路交通运输系统提供的能力能否满足全社会的运输需求，满足的程度如何。二是通达性，反映公路交通运输系统通达程度的指标，主要体现公路交通运输系统是否为社会最广大的群众提供服务，提供服务的范围是否足够满足要求。另外该指标还可以反映公路交通运输系统分布的均衡性。三是现代化、信息化服务指标，主要是反映公路交通运输系统提供服务的质量情况，体现以人为本的理念，高质量地提供运输服务。四是与资源环境的协调性，采用一定指标用以反映整个公路交通运输系统资源能源的消耗情况，我国目前的资源能源状况、环境污染状况、公路交通运输系统与国家总体要求的对比。

---

①宋宇萌.基于耦合理论的陕西公路运输业-区域经济-生态环境协调发展研究[D].西安：长安大学，2018.

第三节　评价方法研究

公路运输、经济社会系统的发展是否协调,需要用一套完整、科学的评价方法来加以研究。本书对现有的评价模型和方法进行了总结,最后选定了本书所用的评价方法。

一、单指标评价

(一)单指标评价方法

本书单指标评价方法应用的是类比法。类比法也称"横向对比法",是评价项目的投资合理性和先进性的方法。经对我国与国外相近、类似的发展阶段进行比较,从而判断我国的发展状况,并分析原因,解决存在问题的方法。

参照发达国家协调性较好的阶段的各项指标值,对我国近年来公路交通及经济社会的发展情况做出协调发展的单指标评价。

(二)单指标评价标准

选取的协调性评价指标体系对我国公路运输与经济社会发展的协调性做出相应的判断,还需要设立相应的参照系——评价标准。根据公路运输系统协调发展的评价指标值计算公式,和对国外公路运输与经济社会协调发展阶段指标值的参考,可以确定我国公路运输与国民经济协调发展的单指标评价标准。

首先利用我国宏观经济环境数据与发达国家不同时段的宏观经济环境数据进行聚类分析,判断我国公路运输所处的经济社会发展阶段。然后,通过对发达国家在可类比的特定时段的公路运输与经济社会发展的协调性进行分析,并以此时段的主要发达国家公路运输的发展参数为参照系,结合我国实际发展状况来确定各评价指标的标准值。

二、综合评价

定性和定量相结合的综合集成方法是研究协调发展最有效的方法。

(一)定性评价法

定性研究是定量研究的基础,在协调发展评价的研究中,定性研究的主要方法如下。

1.实地调查法

主要采取开调查会、采访、典型调查及咨询等形式,着重了解经济和社会发展的条件、历史和现状;产业结构的现状及未来调整的设想;远期经济和社会发展的总体战略;国民经济济人口等状况。可分别选择各类典型,进行深入调查,取得第一手资料。

2.专家评价法

专家评价法是一种以专家的主观判断为基础,通常以"分数""指数""序数""评语"等作为评价的标准。对评价对象做出总的评价的方法,常用的方法有:评分法、分等方法、加权评分法及优序法等。这类方法由于比较简单,因此得到了广泛的应用。

3.层次分析法(AHP)

层次分析法(AHP)是20世纪70年代由著名运筹学家托马斯·萨蒂(T.L.Saaty)提出来的,指将决策问题的有关元素分解成目标、准则、方案等层次,在此基础上进行定性分析和定量分析的一种决策方法。这一方法的特点是,在对复杂决策问题的本质、影响因素及其内在关系等进行深入分析之后,构建一个层次结构模型,然后利用较少的定量信息,把决策的思维过程数学化,从而为求解多目标、多准则或无结构特性的复杂决策问题,提供一种简便的决策方法。

层次分析法的基本原理是根据具有递阶结构的目标、子目标(准则)、约束条件及部门等来评价方案,用两两比较的方法来确定判断矩阵,然后把判断矩阵的最大特征根相对应的特征向量的分量作为相应的系数,最后综合出各方案的权重。

(二)定量评价法

1.系统动力学模型

在众多的定量研究方法中,系统动力学模型具有下列突出优点:该模型实际上是由一阶微分方程所组成,由于这些方程组带有延迟函数和表函数,加之将控制论中的反馈回路概念引入,可较好地解决较复杂的非线性问题;处理问题直观、形象,具有政策试验与社会试验性质,能充分发挥人的主观能动性;人机对话功能能强,便于与决策者直接对话;系统动力学还配有专门的DYNAMO软件,给模型仿真、政策模拟带来很大方便;更为重要的是,由于系统动力学模型所考虑的是整个系统的最佳目标,而不是追求各个子系统的最佳目标,并且强调大系统中各个子系统的协调,因而适合用来进行包括社会、经济、资源、环境在内的大协调的总合[①]。

2.灰色系统理论

灰色系统理论是由华中理工大学邓聚龙教授于1982年首先提出的,近年来在区域发展规划中用于解决经济与社会、资源、环境的协调发展问题,取得了较满意的结果。该理论将已知的信息称为白色的,未知的或非确知的信息称为黑色的,而系统中既包含已知信息、又包含未知信息的系统称为灰色系统。灰色系统由灰色预测模型GM(1,1)、灰色关联度分析以及灰色决策为主的模型群等组成。

鉴于评价指标体系中的指标之间存在较强的相关性,而进行评价的目的是促进公路交通运输系统与社会经济系统相互适应和协调发展,而且评价结果不仅要求评判出优劣,还要求能判断出"超前"还是"滞后"来;因此综合考虑,采用灰色关联度模型评价法更能满足研究要求,是较适合的评价方法。

三、公路运输与社会系统协调发展综合评价方法

(一)系统综合发展水平的计算

1.指标权重的确定

各指标在协调性评价中的作用不同,需要对各指标赋权。权重的确定方法基本上可以分为两类:一类是主观赋权法;另一类是客观赋权法。主观赋权法是采取综合咨询

---

①俞微薇.综合运输系统各运输方式协调性评价方法研究[D].南京:东南大学,2017.

评分的定性方法确定权重,而客观赋权法是根据指标间的相关关系或指标的变异程度来确定权重的方法。

2.无量纲化

为了解决各指标不同量纲难以进行综合汇总的问题,一般在完成数据收集工作后还需要对原始数据进行同度量处理,即无量纲化。无量纲化的方法常用的有初值化与均值化,区间相对值化三种方法。初值化是指所有数据均用第1个数据除,然后得到一个新的数列,这个新的数列即是各不同时刻的值相对于第一个时刻的百分比。经济数据中经常做初值化处理。而均值化处理则是用平均值去除所有数据,以得到一个占平均值百分比为多少的数列。一般地,三种方法不宜混合、重叠使用,在进行系统因素分析时,可根据实际情况选用其中的一种。

对现状和未来的发展状况评价,可分别根据现状指标的评价标准和未来规划年的目标值、期望值,或理想值作为指标标准化的标准。本书采用指标的评价标准作为无量纲化的标准值。

(二)系统协调发展评价方法

协调度即是度量系统和要素之间协调状况好坏程度的定量指标。设公路运输、经济社会系统在时间 t 的发展水平综合评价函数为 $f(\mathrm{Hw}, t)$ 和 $f(\mathrm{EC}, t)$,公路运输与经济社会系统协调意味着二者中任何一方的发展,都促进另一方相同方向的发展。

参考文献
REFERENCES

[1]贾亚梅.公路运输系统与经济系统耦合协调研究[D].西安:长安大学,2016.

[2]董晓庆.浅析公路运输经济信息化管理[J].商情,2021(24):144-145.

[3]范锐.公路运输经济信息化管理探究[J].现代商业,2020(10):71-72.

[4]高媛颖.探析公路运输经济中的信息化管理[J].中国市场,2021(31):195-196.

[5]杭文.运输经济学[M].南京:东南大学出版社,2016.

[6]姜博.交通行业信息化发展测评及对经济增长贡献研究[D].武汉:武汉理工大学,2013.

[7]雷小青.信息化与道路运输规模经济关系研究[D].西安:长安大学,2013.

[8]秦婷婷.公路运输经济信息化发展路径思考[J].中国市场,2020(32):169,171.

[9]蘧春清.公路运输与促进经济发展[J].人文之友,2021(23):159-160.

[10]宋宇萌.基于耦合理论的陕西公路运输业-区域经

济-生态环境协调发展研究[D].西安:长安大学,2018.

[11]佟煜.公路运输业风险评估流程构建——以H公司为例[D].石家庄:河北师范大学,2017.

[12]吴红丽.公路运输与经济耦合协调发展研究[D].西安:长安大学,2020.

[13]李晓洁.区域交通运输与经济发展的关系研究[D].青岛:山东科技大学,2015.

[14]杨磊.我国区域公路运输与社会经济协调发展的分析[J].中国经贸,2016(15):51.

[15]殷雨佳.长江三角洲公路运输与快递服务的区域效应[D].上海:上海师范大学,2018.

[16]俞微薇.综合运输系统各运输方式协调性评价方法研究[D].南京:东南大学,2017.

[17]曾传华,林兰刚.公路大件运输基础[M].北京:中国铁道出版社,2014.

[18]张泽会.公路运输经济信息化发展措施探讨[J].财经界,2021(17):16-17.

[19]朱琦琦.公路运输现代化建设探析[J].东方企业文化,2015(15):219-220.

[20]朱为通.交通运输经济发展管理的意义研究[J].新商务周刊,2020(11):16-17.